すぐ使える様式集つき!

安全衛生活動の実践テキスト

JN113180

能田 清隆 著

労働新聞社

はじめに

　労働災害の発生は、本人や家族に重大な影響をもたらします。働く場で負傷すること、病気になることは、なんとしても避けなければなりません。また、被災者が所属する組織にとりましても大きな損失です。今まで期待して育ててきた貴重な労働力を失うことになります。

　労働災害の発生を防止し、朝家庭を出た姿のままで労働者を家庭に帰すことは、事業者に課せられた重要な責任です。事業者から、安全衛生に関する権限の一部を委譲された安全衛生スタッフ（安全管理者、衛生管理者、安全衛生推進者等）の責任でもあります。その責任を果たすため、先人は様々な手法を生み出しました。その手法を現場で実践することは、労働災害ゼロを達成するために極めて有用です。

　イギリスの心理学者ジェームズ・リーズンはスイスチーズモデルで組織事故が発生するメカニズムを説明しました。組織事故を防ぐための盾として穴のあいたスイスチーズを並べました。スイスチーズの穴を盾の不備にたとえ、たまたま不都合な事象が同時期に起き、スイスチーズの穴が重なり、光が通り抜けた時、組織事故が起きるとしたのです。労働災害も複数の事象が重なって発生することを考えれば、スイスチーズモデルで説明することができます。労働災害を防ぐためには、光を通さないために複数のスイスチーズ (盾) を立て、スイスチーズの穴を小さくする、あるいはなくすことが必要です。その盾が安全衛生活動です。穴のない安全衛生活動が労働災害の発生を防止します。（図「多重防御シールド」（資料①、26 ページにも掲載）参照）

　第 1 の盾は、組織です。安全衛生活動は組織をあげて取り組む必要があります。経営者の安全衛生活動に対する考え方を具体的に形にしたものであり、安全衛生活動の基盤となるものです。

　第 2 の盾は、作業前に行う安全衛生活動です。作業前に、これから行う作業内容を検討し、その作業の中に潜んでいる危険要因（不安全な状態や不安全な行動）を洗い出します。その時、「作業手順書」を活用し、「ＫＹＫ（危険予知活動）」や「リスクアセスメント」の手法を使います。

　第 3 の盾は、作業中に行う安全衛生活動です。作業中の安全衛生活動は、作業者一人ひとりの意識（考え方）に左右されます。今まで大丈夫だったから「たぶん、大丈夫だろう」ではなく、今日は「〜かもしれない」と考えて行動することが、危険の芽を摘みます。意識を前向きにする「指差し呼称」や安全衛生活動の基本であ

る「５Ｓ活動」に取り組みます。

　第４の盾は、管理監督者が行なう監督業務です。生産現場を巡視して不安全な状態や不安全な行動を早期に発見し是正します。管理監督者の方は、職場巡視中に特に一人作業の作業者に対して日頃の労をねぎらう「声かけ」して、作業者を孤立させないようにします。

　第５の盾は設備そのものです。作業者が「つい、うっかり」をしても災害にならない設備改善を目指します。

　本書では、以上についての効果のあがる手法を紹介します。すぐに実践できるよう様式例を付けています。事業場で使いやすいように工夫して使用してください。

多重防御シールド

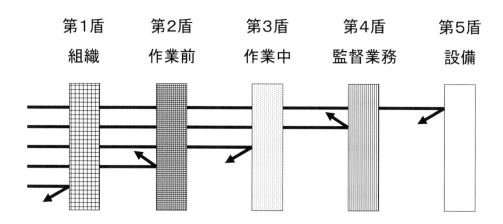

第1盾	第2盾	第3盾	第4盾	第5盾
組織	作業前	作業中	監督業務	設備

目　次

第1の盾 ┊ 組織

　第1の盾は組織そのものです。組織として安全衛生の管理活動を実施していくための基盤を作ります。安全衛生の管理体制を整え、経営者が安全衛生方針を打ち出します。その方針を実現するため、年間の安全衛生管理計画を定め、計画には達成すべき目標を明記します。

（1）安全衛生管理体制の構築

　事業者は業種と規模に応じて、必要な管理者、産業医等を選任することが義務付けられています（資料②、27ページ参照）。

　従業員が10人以上の事業場は、安全衛生推進者等を選任する必要があります。従業員が10人未満の場合は、事業者（事業場のトップの方）が安全衛生を管理します。従業員が増えて10人以上になると、事業場のトップの方だけでは従業員全員への目が届かないので、安全衛生推進者を選任します。法令の主旨を考えれば、事業場のトップの方が安全衛生推進者を兼任されることは極力避けられることをお勧めします。安全衛生推進者等を選任した場合は、安全衛生推進者等の氏名を作業場の見やすい箇所に掲示する等により関係労働者に周知する必要があります。安全掲示板などに掲示して、安全衛生推進者等の氏名を外部の方に聞かれた時、従業員が答えられるようにしておく必要があります。あわせて安全衛生推進者等の職務を併記しておけば、役割が明確になり職務精励に対する動機付けになります（様式①、44ページ参照）。

　従業員が50人以上の事業場では、業種に応じて安全管理者と衛生管理者又は衛生管理者のみを選任し、所轄の労働基準監督署長へ報告する必要があります。安全衛生推進者が事業者の安全衛生に関する業務を担当し補佐する立場なのに対して、安全管理者及び衛生管理者は、それぞれ安全又は衛生に関する措置をなし得る権限を事業者から与えられています。安全衛生推進者より強い権限を与えられている安全管理者、衛生管理者は、その責任も重いものとなっています。安全管理者、衛生管理者ともに作業場等の巡視が義務付けられています。作業場等を巡視し、作業設備や作業方法に異常を見つけた時は、「直ちに」必要な措置をとります。作業が終わるのを待ってではなく、「直ちに」対応することが求められています。

　事業場ごとに「安全衛生管理規程」を定め、各級管理者の役割分担と責任を明確に

します。誰が、いつ、どこで、何を、どのように実施するのか明記することは、安全衛生管理活動の円滑な実施のために必要です（様式②、45ページ参照）。

（2）経営者による安全衛生方針の表明

　経営者の安全衛生に対する姿勢は、事業場の安全衛生管理活動に大きく影響を与えます。もちろん、品質管理や生産管理に対する経営者の姿勢も従業員の活動に影響を与えます。しかし、それ以上に影響を受けるのが安全衛生管理です。品質や生産に関する活動は、経営者の姿勢に関わらずライン管理者が積極的に進めていきます。それは、品質管理や生産管理は、顧客からの苦情件数や生産高、売上高といった数字にすぐに現れるからです。生産部門の地道な努力が、なかなか報われないのが安全衛生の分野です。従業員は、貴重な生産時間の一部を安全衛生管理活動に費やしていいのか、経営者の顔色をうかがっているのです。

　経営者の安全衛生に対する思いを表現したものが、「安全衛生方針」です。従業員の背中を押すために、経営者の安全衛生に対する考え方を直接表現します。従業員の心に届くためにはいくつかの要素が必要です。

　　①労働災害の発生を防止するという強い決意を表明する。

　　②「リスクアセスメント」「危険予知活動」「５Ｓ活動」「職場巡視」などの安全衛生の日常活動を推進する。

　　③経営者、管理監督者及び従業員が、全員参加で安全衛生活動を実施する。

　これら３項目の要素を安全衛生方針の中で表明することで、経営者の安全衛生に対する考えを従業員に伝えることができます（様式③、51ページ参照）。

（3）年間安全衛生管理計画の策定

　経営者が打ち出した安全衛生方針を具体化するために、年間安全衛生管理計画を定めます。管理計画には、具体的な実施項目と実施目標及び実施部署を明記します。毎月開催される安全衛生委員会を利用し、管理計画の進捗状況を管理します。実施目標はなるべく数値化すると、期末の評価が容易になります（様式④、52ページ参照）。

（4）安全衛生委員会の開催

　労働安全衛生法（以下安衛法）に基づき、一定の基準（資料②、27ページ参照）に該当する事業場では、安全委員会、衛生委員会（又は両委員会を統合した安全衛生委

員会）を設置しなければなりません。安全衛生推進者の選任が必要な労働者数が10人以上50人未満の事業場には安全衛生委員会等を設置する義務はありません。しかし、安全又は衛生に関する事項について、関係労働者の意見を聴くための機会を設けなければなりません。（関係法令：労働安全衛生規則（以下安衛則）第23条の2）

　労働災害防止の取り組みは、労使が一体となって行う必要があります。そのためには、労働者の意見を聴きとり調査審議する安全衛生委員会等の役割は大きいといえます。小規模事業場におきましても安全衛生委員会等を設置し、毎月一回開催されることをお勧めします。調査審議する事項は、安衛法第17条、第18条で決められています。「様式②　安全衛生管理規程（例）」第8条第2項を参照してください（46ページ）。

　また、安全衛生委員会等の議事録を作成し、3年間保存されることをお勧めします。そして議事の内容は議事録を作業場の見やすい場所に掲示する等の方法で、労働者に周知されることをお勧めします（様式⑤、53ページ参照）。

（5）安全衛生教育の実施

　個人の行動は、その人の価値観、人間性に左右されます。教育は、価値観、人間性を向上させるのに役立ちます。安全衛生教育を実施することで、安全衛生に関する知識を高め、不安全な行動を抑制することができます。

①　雇入れ時、作業内容変更時の教育

　事業者は、新規に労働者を雇い入れたり、労働者の作業内容を変更したりした時は、従事する業務に関する安全又は衛生のため必要な事項について教育を行わなければなりません。（関係法令：安衛法第59条、安衛則第35条）

　よく知らない場所で、よく知らない機械設備を使用して行う作業は、労働災害の発生する可能性が高い作業です。教育を通じてコミュニケーションをとり、情報の共有化を図り、わからないことは質問できる職場環境を作ることが必要です。

　教育記録に関して法令に記載はありませんが、法定教育なので教育を実施した際は記録に残されることをお勧めします（様式⑥、54ページ参照）。

②　職長等教育

　これまで数多くの事業場を訪問して感じることは、生産現場の監督者（職長等）が部下を統率し、部下も監督者を信頼している職場は、雰囲気の明るい職場環境が成立していることです。

　部下を統率し、信頼を得るためには従事している作業に習熟し、優れた技能を

身に付けておくことが必要です。さらに安全衛生に関しても、最新の知識を学び、労働災害防止活動の手法に習熟している必要があります。

　安衛法第60条では、業種を指定して職長等教育を義務づけています。職長等教育では、部下への監督指示や指導教育の方法などが体系的に学べるようになっています。さらに学習方法が討議形式になっていますので、他の参加者の意見を聴くことで新たな知見を得ることができます（資料③、28ページ参照）。

③　安全衛生活動に関する教育

　日常活動として実施する危険予知活動やリスクアセスメント、５Ｓ活動などにおいては、職場で率先して実施するリーダーを養成する必要があります。各活動のマンネリ化を防ぎ、効果を上げるためには、正しい理論と実践方法を身に付ける必要があるからです。専門の講師が教育する外部研修機関の利用がお勧めです。教育を受けたリーダーが同僚や部下に職場で教育を受けた内容を指導します。毎年少しずつリーダーを増やしていくことで、職場のレベルアップができます。

第2の盾 ｜ 作業前にやるべきこと

　第2の盾として働くのは、作業前にやるべき安全衛生活動です。作業を始める前に必要なことは、これから行う作業について習熟することです。そのために「作業手順書」があります。作業手順書には、行う作業の順番を定め、手順として示します。さらに、その手順を行う時に必要な知識やコツを併記します。作業を決められた順番に、必要な知識を頭に入れて、コツをつかんで実施することで、不安全な行動を排除することができます。

　また、ＫＹＫ（危険予知活動）も作業前にやるべき安全衛生活動のひとつです。これから行う作業の中にどんな危険が潜んでいるかを、同じ作業を行う小集団で出し合います。自分自身の行動が、災害発生に直接結びついていることを自覚させます。作業現場での不安全な行動を抑制する有効な活動です。

　さらに、リスクアセスメントでは、ＫＹＫで磨いた危険感受性（リスク感性）を十分に働かせて職場に潜むリスクを見つけ出し、リスク低減措置を実施します。リスク低減措置を実施することで、作業内容を見直し、職場環境を改善します。作業内容の見直しは不安全な行動を無くし、職場環境の改善は不安全な状態を無くします。

（1）作業手順書の作成

　作業手順書を作成するには、まず作業内容を主な手順に分解します。その手順を、作業を進めるために最も良い順序に並べます。これらの手順ごとに「作業のコツ」を記入することで、作業を安全に確実に能率よく実施するコツを解説します。「作業のコツ」は、安全衛生や品質および能率に関することを記入します。

　作業手順は、「名詞」と「動詞」で表現します。

　　　例）「ノートを開く」「鉛筆を握る」など

　「作業のコツ」は、動作をどのようにするかという要領なので、「～を強く握って」「～を持って」などと副詞的に表現します。また、「～しないで」といった否定的表現は避け、どうするのかを明確に表現します。さらに、「適当な位置」「適度な回数」といったあいまいな抽象的表現はさけ、「上から1/3の位置を」「１時間に３回」といったなるべく数値を使った表現をします。

　作業手順書は、新しく当該作業に従事する作業者にとっては教科書になります。また、熟練作業者にとっては、作業改善する時の検討資料になります。最初から最善の

ものを作成するのは難しいですが、少しずつ改良していけば、最善のものに近づくことができます（様式⑦、55ページ参照）。

（2）ＫＹＫ（危険予知活動）

　危険予知活動は、危険のK、予知のY、活動のKをとりましてＫＹＫと略称されます。ＫＹＴが危険予知訓練の略称であるのと同様です。ＫＹＴとＫＹＫの境目は明確ではありません。わかりやすく解釈すれば、「ＫＹＴ（危険予知訓練）で危険予知の考え方や手法を訓練して、毎日の短時間ＫＹＫを通じて活動する。」ことになります。

　ＫＹＴ（危険予知訓練）は、小集団活動（5〜6人）で行います。イラストシートを見て、起こりうる労働災害を想定し、危険要因と現象で表現します。ＫＹＴ（危険予知訓練）の効果を以下に示します。

　　①小集団活動なので、自分が気づかない危険要因を他のメンバーが発言することで、気づかせてくれます。この新たな「気づき」が、一人ひとりが持っている危険感受性を鋭くします。

　　②決められた時間で討議し、自分たちがやるべきことを決定しますので、集中力を高めます。

　　③現場で解決できる対策を考え、意見を出し合いますので問題解決能力が向上します。ここでも「気づき」があります。

　　④小集団活動で決めたことを自己決定まで持っていくことで、実践への意欲が高まります。

　ＫＹＴ（危険予知訓練）は、第1ラウンドの危険要因の項目数を増減させることで、所要時間を調整することができます。月に一度、30分程度の時間を確保し、同じ作業を行う小集団で実施されることをお勧めします。ＫＹＴ（危険予知訓練）の対象にイラストシートを使用するのは、想像力を働かせるためです。写真を使用すると、現実が見えて作業の間違い探しになることがありますので、注意が必要です。

　訓練で磨いた能力を使って、実作業を対象に危険予知をするのが、短時間ＫＹＫです。短時間ＫＹＫにはいろんな手法がありますが、本書ではひとつの例を紹介します。

　そちらについては、資料④（29ページ）を参照してください。

　効果的な短時間ＫＹＫを実践するためのコツについては、資料⑤（30ページ）を参照してください。なお、その中で自問自答ガイドワード（資料⑥、33ページ参照）を使用しています。こちらは事故の型ごとに自問自答することで、職場の危険をもれなく拾い上げるためのものです。

また、短時間ＫＹＫは、毎日の始業前に行うスピード感のある手法であり、「危険予知活動表」を使用して実践します（様式⑧、56 ページ参照）。

　危険予知活動表にはサイン欄を設けて、危険予知活動参加者の氏名を自筆でサインしてもらいます。各作業者が危険予知活動に参加したことが明確になり、実践への意欲を高めます。また、記入後の危険予知活動表は生産現場に掲示します。上司の方は巡回時に目を通し、指差し呼称項目が実際に現場で実施されているか確認し、激励の声掛けをお願いします。

（3）リスクアセスメント

　ＫＹＫ（危険予知活動）は、労働災害の原因となる不安全な状態と不安全な活動を明らかにし、主として不安全な行動を抑制することで労働災害の発生を防止します。ＫＹＫ（危険予知活動）は現場作業の直前に実施するので、作業場周辺の片付けなどはできますが、設備改善まではすぐにできません。

　それに対して、リスクアセスメントは主に設備改善を進めることで、安心して働ける職場環境の形成を目的にしています。その目的の根本にはふたつの大前提があります。

　　①人はミスをする。機械は故障する。

　　②絶対安全は存在しない。

　リスクアセスメントは、人がミスをしても、機械が故障しても労働災害にはならない職場環境の形成を目指します。また、絶対安全は存在しないことを前提に、軽い切り傷や打撲程度のリスクは許容しますが、後遺症の残るような労働災害発生のリスクは、許容できるまで低減措置を実施します。そのために経営資源（人材、物資、予算など）を投入します。

　効果的なリスクアセスメントの進め方については、資料⑦（34 ページ）を参照してください。

　その中では、以下の様式を使用しています。

　「負傷プロセス特定票」（様式⑨、57 ページ参照）

　「負傷プロセス記入表」（様式⑩、58 ページ参照）

　「見積り合わせ記入表」（様式⑪、59 ページ参照）

　「低減措置比較検討表」（様式⑫、60 ページ参照）

　「リスクアセスメント進捗状況管理表」（様式⑬、61 ページ参照）

　また資料⑦で参照している「リスクの見積り評価基準」（資料⑧、39 ページ参照）は、

２要素の足し算でリスクレベルを算定しています。様式⑨〜⑬もそれに合わせていますので、事業場で使用している評価基準に合わせて仕様変更後利用してください。

　リスクアセスメントの実施に当たっては、目的や役割分担および実施方法などを具体的に定めた「リスクアセスメント実施要領」（様式⑭、62 ページ参照）を制定します。

第３の盾 ｜ 作業中にやるべきこと

　作業中の安全衛生に関する活動は、作業者の意識に大きく左右されます。作業前にリスクアセスメントで作業環境を整備し、危険予知活動で今日の行動目標を定めても、作業者本人の意識が低く、決めたことを守らなければ効果はありません。各種の安全衛生教育によって磨かれた危険感受性によって、「大丈夫だろう」から「〜かもしれない」という発想の転換をすることが重要です。さらに、手法のやり方だけでなく目的や効果を示し、作業者に納得してもらうことが大切です。

　作業中に行う主な安全衛生活動としては、「指差し呼称」と「５Ｓ活動」があります。

（１）指差し呼称

　指差し呼称は、もともと日本国有鉄道（今のＪＲ）で始められた安全確認法です。明治時代に蒸気機関車の機関士と機関助手の間で実施された「喚呼応答」が起源と言われています。ＪＲや私鉄の駅ホームで車掌さんが指を差して「○○ヨシ！」と、乗客の昇降やドアの開閉を確認しているのを見ることができます。

　明治、大正、昭和、平成そして令和と長い時代を受け継がれてきました。なぜでしょうか。それは、簡単で効果があるからです。ＫＹＫ（危険予知活動）と同様に簡単で効果があると継続して実施することができます。

　運輸業で始められた指差し呼称は、安全衛生活動の高まりと共に建設業や製造業へと広まりました。近年では、医療業務に従事されている看護師や薬剤師の方が薬の名称や患者の名前の確認に指差し呼称の手法を取り入れています。そのため、「指差し確認」と呼称されています。さらに、ＦＡＸやメールの誤送信、書類の誤送付などが発生した事業場では、相手先のＦＡＸ番号やメールアドレス、住所や宛名の照合に指差し呼称の手法が活用されています。

　効果的な指差し呼称を実践するためのコツは、資料⑨（40ページ）を参照してください。

　効果的な指差し呼称の実践方法を習得しても、それが生産現場で実践されなければ効果を発揮することができません。事業場に指差し呼称の実践を定着させることが必要です。そのためには、どうしたらいいのでしょうか。指差し呼称が定着している事業場に学びます。

① 上司がまず実践する。

　　上司の方が部下に「指差し呼称は有効だから実践しろ！」と言っても、言うだけでは部下は実践しません。事業場にとって大切なことで、労働災害防止に必要なことであれば、上司がまず実践してみせるべきです。その姿を見て部下は、指差し呼称の大切さと必要性を理解します。

② 従業員全員が実践する。

　　重篤な労働災害の発生は主に生産部門で発生しています。その観点からは、指差し呼称は生産部門にぜひ定着させたい手法です。しかし、事業場に定着させるためには、事務部門の従業員の参加は欠かせません。事業場全体で取り組むという経営者層の姿勢を示す必要があります。事業場内の道路を横断する時、ＦＡＸを送信するため相手先番号を照合する時、事務部門の方も指差し呼称の手法を使って確認します。

③ 必ず実施する場面を決める。

　　指差し呼称の定着のためには、毎日毎日の実践が大切です。そのために、従業員が必ず実施する場面を定める必要があります。事業場でよく見られるのは、事業場内の横断歩道前に足形のマークを描いて、そこで指差し呼称を行い左右の安全確認を行います。

④ ＫＹＫ（危険予知活動）と共に推進する。

　　指差し呼称は、作業者一人で行う確認行動なので単独手法として行っても十分効果を期待できます。加えて日々のＫＹＫ（危険予知活動）と一体として推進すればより効果は高まります。ＫＹＫ（危険予知活動）で決定されたチーム行動目標を生産現場で実践し、指差し呼称項目を呼称して確認することで、ＫＹＫ（危険予知活動）の活動自体の効果が確保され、指差し呼称もより身近なものになります。職場の小集団活動であるＫＹＫ（危険予知活動）と共に進めることで、やらされ感をなくし実践への意欲を高めます。

（2）５Ｓ活動

　５Ｓ活動は、安全衛生活動の基本と言われています。整理、整頓、清掃、清潔、躾の頭文字をとって５Ｓ活動です。労働災害発生の原因の一つと考えられる「不安全な状態」を作らないための有効な手法です。

① 整理（要るものと要らないものを分けて要らないものを処分すること）

　　職場にある物を整理する。５Ｓ活動が成果をあげることができるかどうかは、この整理がうまくいくかどうかにかかっています。皆さんの事業場の倉庫や道具置場に長年使っていない資機材が眠っていませんか。職場の物は自分の物ではないので、勝手に処分することができません。「いつか使うかもしれない」という考えが整理を難しくしています。その弊害を打破するためには、整理責任者を決める必要があります。当事者として整理に向き合うことが必要です。

　　整理責任者は、整理のルールを作ります。そのルールのひとつに「赤札作戦」があります。使用可能で使っていない資機材に赤札を取り付けます。赤札の付いた資機材を使ったら赤札をはずし、整理責任者に提出します。一定の期間（３ヵ月や６ヵ月など）を定めて、その期日に調査し赤札が残っていたら処分します。

　　赤札は、様式⑮（66ページ）を参考にしてください。

　　「いつか使うかもしれないものを処分するのはもったいない」という考え方から「いつ使うかわからないものを保管するのはもったいない」という考え方に変えていきます。

② 整頓（整理して残ったものを、使いやすいように配置すること。）

　　使おうと思ったものが決められた場所にいつもあり、探す手間や時間がかからない。このことを繰り返すことで、５Ｓ活動にかける時間を取り戻し、作業の能率をあげることができます。そのためには、置き方や表示を工夫する必要があります。

　　引き出しや棚に資機材や材料を収納した場合は、ラベルに品名を書いて引き出しなどに貼り表示します(ラベル作戦)。収納する時、重いものや大きいものは下部へ収納します。

　　台車やロールボックスパレットなどを床上に置場を決めて収納する場合は、床に線を引いて枠内に収納し、「○○置場」と明示します(ライン作戦)。

　　工具類を壁などに掛ける場合は、工具の形状を壁に描いて使用中の工具の種類がわかるようにします。全工具が収納された全景写真を撮影して、見やすい場所に掲示する方法もあります。また、工具使用中は、工具のあった位置に使用者の名札を掛けると現在の使用者がわかります。

③ 清掃

　　安全通路に油がこぼれたままや、水で濡れたままだと不安全な状態を放置することになります。計器類が汚れていると機械の異常に気づかず、標識が汚れてい

ると作業者に注意喚起することができません。

　毎日終業時の決まった時間に自分の持ち場を清掃し、毎週決まった一斉清掃日に決められた範囲を清掃します。清掃時間ではなくても安全通路や駐車場などの共同で使用する場所は、汚れやごみに気付いたらただちに清掃します。「誰かがやるだろう」という他人任せの判断が事故を招きます。「気づいたあなたが責任者」です。

④　清潔

　整理責任者を決めて不用品の整理を行い、資機材や工具類が整頓され、定期的に清掃された生産現場は清潔です。休憩所や食堂などの共有場所は、特に清潔に保つ必要があります。清潔な場所での汚れやごみは、目立つのですぐに気づきます。少しの汚れをちょっとだけだからと見逃すと、次第に汚れていることが普通になってしまいます。汚したらすぐに清掃して清潔を維持します。

　自分の服装も清潔に維持します。よく洗濯された作業服を着用し、袖のボタンをきちんと留めれば適度な緊張感を持ち、気持ちよく作業に取り組めます。更衣室や作業場に全身の写る鏡を設置すれば自己チェックできます。作業のはじめに二人組になって指差し呼称で相互チェックすることも効果的です。

　清潔に保つべきものに保護具があります。汚れた保護具は保護具の完全使用を妨げます。気持ちよく保護具を使用するために、管理責任者を定めて保管状態をチェックし指導することが必要です。

⑤　躾

　躾は、自分たちが決めた規則を守ることです。安全衛生活動としての整理、整頓、清掃、清潔の４Ｓ活動を実施するための規則を自分たちで定めて、自分たちで守っていく自律の活動です。

　規則が守られているかどうかは、職場巡視点検表に５Ｓ活動の欄を設けておいて、職場巡視時にチェックします。点検で問題点が明らかになれば、真の原因を掘り下げて考え、改善に結びつけていきます。

　管理監督者の方は、整理や整頓がよくできている職場では、作業者に声掛けして日常活動の労をねぎらってください。あたりまえのことをあたりまえに継続して実施することは重要であり大変なことです。

第4の盾　監督業務

　第4の盾は、管理監督者が行う監督業務です。管理監督者は生産現場を直接巡視し、不安全な状態や不安全な行動を指摘し、改善します。

（1）日常業務における監督業務

　管理監督者には生産現場における生産管理、品質管理、納期管理、安全管理など種々の管理が求められています。その職務を遂行するために、管理監督者には部下に対する指示命令ができる権限が事業者から委譲されています。権限が委譲されると責任も一緒についてきます。その責任のひとつに部下の安全に関して配慮する義務（安全配慮義務）があります。そのため、職場巡視中に作業環境の改善や作業者の不安全な行動に対する注意指導を実施した場合は、安全衛生日誌に記録し一定期間保存されることをお勧めします（様式⑯、67ページ参照）。

　安全衛生推進者は、通達（昭和63年9月16日基発第602号）に定められた以下の職務を実施する必要があります。

　　①施設、設備等（安全装置、労働衛生関係設備、保護具等を含む）の点検及び使用状況の確認並びにこれらの結果に基づく必要な措置に関すること。

　　②作業環境の点検（作業環境測定含む）及び作業方法の点検並びにこれらの結果に基づく必要な措置に関すること。

　安全管理者及び衛生管理者は、法令で作業場等を巡視することが義務づけられています（関係法令：安衛則第6条、第11条）。そのとき、設備、作業方法に危険のおそれや有害のおそれがあるときは、直ちに、必要な措置をとります。

　これらの職務を日々実施していたことを実証するためには記録が必要です。安全管理者及び衛生管理者さらに安全衛生推進者等も職務に関する実施事項は安全衛生日誌に記録し、一定期間保存されることをお勧めします。

（2）職場巡視（安全パトロール）

　職場巡視の目的は巡視するメンバーによって変わってきます。

①　経営者層による巡視

　　経営者層における職場巡視は、安全衛生に対する経営者の姿勢を示す機会とな

ります。経営者は常に従業員の安全衛生に対して関心を持っていることを示す必要があります。週に一度、月に一度といった定期的な職場巡視が関心の高さを示します。巡視する時は、作業環境や作業行動に関して従業員のできていることに目を向けます。現場では叱責よりも激励するほうが効果的です。生産現場で気づいた改善すべき事項は、管理監督者や安全衛生推進者に指示し改善します。

② 安全衛生委員会による巡視

　安全衛生委員会の開催日に委員が分担して事業場を巡視します。安全衛生委員会は安全衛生に関する調査審議機関なので、委員は他の部署についても作業内容や作業環境を理解しておく必要があります。職場を巡視することで、事務部門の委員も現業部門の生産現場をじっくり見て理解を深めることができます。他部署の委員による巡視は新たな視点で作業環境や作業行動をとらえることができるので、新たな提案が期待できます。

③ 作業者による巡視

　一般的に作業者は職場巡視を受ける立場にあります。その作業者が他部署の職場巡視を行います。すると、なじみのない作業では、この作業ではどんな災害が発生する可能性があるのか想像します。何が作業者を傷つけるのか想像します。これらの過程が生きた安全衛生教育になります。さらに、他部署と比較することは、自分の職場を新たな視点で見つめるきっかけになることがあります。

どの職場巡視においても不安全な状態、不安全な行動を見逃さないためには、職場巡視点検表の活用が有効です（様式⑰、68ページ参照）。

④ 職場巡視後の措置

　職場巡視の後は、各巡視者が記入した「職場巡視点検表」を持ち寄って、指示事項を協議します。指示事項と共に、特に良好な事例であり他職場にも水平展開したい事例は、「好事例」として紹介します。指示事項は、緊急性に応じて2段階に分け、指示書に記載して改善を指示します（様式⑱、69ページ参照）。

　　指摘事項：法的に問題がある、または、極めて危険な状態であり重大な災害発生のおそれがあるものを示しています。速やかに現場状況を確認し、対策を実施されることをお願いします。
　　推奨事項：安全衛生管理水準の向上に向けて、改善することが望ましいものを示しています。リスクアセスメントを実施し、優先順位を決め

て改善されることをお勧めします。

好事例　：安全衛生管理上望ましい取組みであり、他の事業場の模範となるものを示しています。他の事業場へ水平展開されることをお勧めします。

指示書を発行した場合は、直近の安全衛生委員会で報告し、情報を共有します。

第5の盾 ┊ 設備

　第5の盾は、設備そのものです。作業者が「ついうっかり」（ヒューマンエラー）を
しても、機械設備が災害発生を防ぎます。機械設備に関するリスクアセスメント指針
「機械の包括的な安全基準に関する指針」(平成19年7月31日付け基発第0731001号)
で紹介されている設備改善のヒントになる考え方の中から、取り組みやすい部分を紹
介します。一般作業のリスクアセスメントの本質的対策や工学的対策および管理的対
策の考え方のヒントになります。

　別表第2　本質的安全設計方策（番号は、原文の番号です。（　）内文章は書き
　　　　　加えたものです）
　1　労働者が触れるおそれのある箇所に鋭利な端部、角、突起物等がないよう
　　　にすること。
　　　（例：資機材の尖った角は、丸く削ります。突起物は、目立つ色のクッショ
　　　ン材で巻いたり、キャップを付けたりします。）

　2　労働者の身体の一部がはさまれることを防止するため、機械の形状、寸法
　　　等及び機械の駆動力等を次に定めるよるものとすること。
　（1）　はさまれるおそれのある部分については、身体の一部が進入できない
　　　　程度に狭くするか、又ははさまれることがない程度に広くすること。
　　　（例：作業者がはさまれるおそれのある箇所は、メッシュ状のカバー等を取
　　　り付け、身体の一部が進入できないようにします。）

　10　有害性のない又は少ない物質を使用すること。
　　　（例：材料等は可能な限り有害性の少ないものへ変更します。たとえば、油
　　　性塗料は水性塗料へ変更します。）

　11　労働者の身体的負担の軽減、誤操作等の発生の抑止等を図るため、人間工
　　　学に基づく配慮を次に定めるところにより行うこと。
　（1）　労働者の身体の大きさ等に応じて機械を調整できるようにし、作業姿
　　　　勢及び作業動作を労働者に大きな負担のないものとすること。

（例：作業者が使用する作業台や椅子は、作業者の身長や作業姿勢に合わせて高さ調整ができるものを使用します。）

14　誤操作による危害を防止するため操作装置等については、次に定める措置を講ずること。

（1）　操作部分等については、次に定めるものとすること。

ア　起動、停止、運転制御モードの選択等が容易にできること。

（例：機械設備の起動、停止のボタン種類ごとに色を統一します。必要があれば文字や矢印を付けて操作や位置をわかりやすくします。）

別表第3　安全防護の方法

1　安全防護は、安全防護領域について、固定式ガード、インターロック付き可動式ガード等のガード又は光線式安全装置、両手操作制御装置等の保護装置を設けることにより行うこと。

（作業者の手足が進入するおそれのある箇所には、ガード（防護柵）を設置します。また各種の安全装置は有効に活用します。）

3　ガード又は保護装置の設置は、機械に労働者が関わる作業に応じ、次に定めるところにより行うこと。

（3）　油、空気等の流体を使用する場合において、ホース内の高圧の流体の噴出等による危害が生ずるおそれのあるときは、ホースの損傷を受けるおそれのある部分にガードを設けること。

（例：高圧ホースの分岐部分や曲がりの部分はあらかじめ補強しておきます。）

（4）　感電のおそれのあるときは、充電部分に囲い又は絶縁覆いを設けること。

（例：充電部分が露出している部分は、絶縁テープなどで被覆します。）

（5）　機械の高温又は低温の部分への接触による危害が生ずるおそれのあるときは、当該高温又は低温の部分にガードを設けること。

（例：機械設備や配管で高温や低温で火傷を負うリスクのある部分は断

熱材を取り付けるかガードを設置します。）

別表第4　付加保護方策の方法

1　非常停止の機能を付加すること。非常停止装置については、次に定めることによること。

（1）　明瞭に視認でき、かつ、直ちに操作可能な位置に必要な個数設けられていること。

（例：非常停止装置は、目立つように背景を黄色にして赤ボタンにします。作業者が作業位置から手を伸ばして届く位置に設置します。）

4　機械の運搬等における危害の防止のため、つり上げのためのフック等の附属用具を設けること等の措置を講じること。

（例：機械設備には、つり上げ移動に備えて安定的につり上げることができるように、フックやリングを設置します。）

5　墜落、滑り、つまずき等の防止については、次によること。

（1）　高所での作業等墜落等のおそれのあるときは、作業床を設け、かつ、当該作業床の端に手すりを設けること。

（2）　移動時に転落等のおそれのあるときは、安全な通路及び階段を設けること。

（3）　作業床における滑り、つまずき等のおそれのあるときは、床面を滑りにくいもの等とすること。

（例：鋼製の階段や梯子等で滑るおそれのある箇所には、滑り止めテープを施工します。作業床が水で濡れて滑りやすくなる場合は、防滑靴を使用します。）

資　料

多重防御シールド

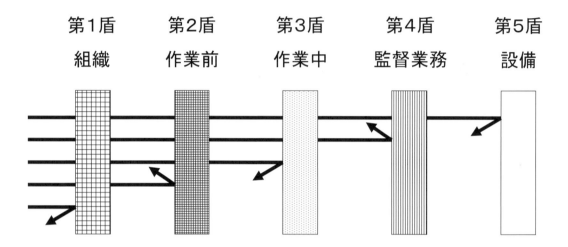

〔資料2〕

事業場規模別・業種別安全衛生管理組織

注意）法：労働安全衛生法、 令：労働安全衛生法施行令

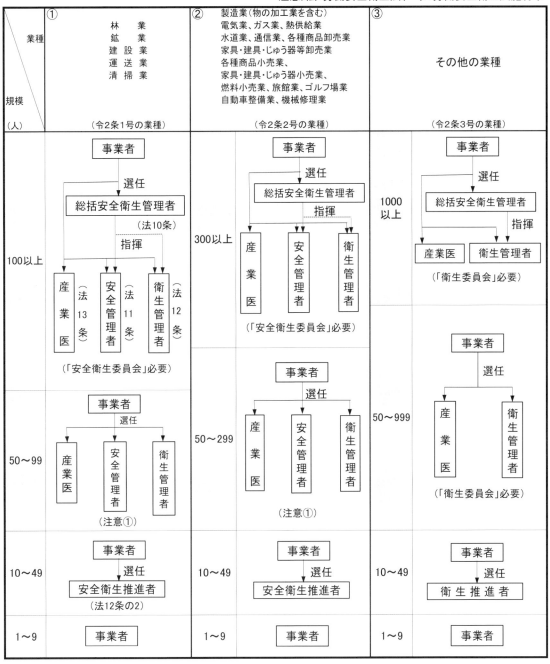

注意①
・林業、鉱業、建設業、製造業のうち木材・木製品製造業、化学工業、鉄鋼業、金属製品製造業及び輸送用機械器具製造業、運送業のうち道路貨物運送業及び港湾運送業、自動車整備業、機械修理業並びに清掃業 ： 50人以上で安全衛生委員会必要
・上記以外の製造業及び運送業、電気業、ガス業、熱供給業、水道業、通信業、各種商品卸売業、家具・建具・じゅう器等卸売業、各種商品小売業、家具・建具・じゅう器小売業、燃料小売業、旅館業、ゴルフ場業 ： 100人以上で安全衛生委員会必要
・それ以外の業種では、50人以上で衛生委員会必要

職長等の教育を行うべき業種（労働安全衛生施行令第19条）

① 建設業

② 製造業。ただし次に掲げるものを除く。

（ア） たばこ製造業

（イ） 繊維工業(紡績業及び染色整理業を除く。)

（ウ） 衣服その他の繊維製品製造業

（エ） 紙加工品製造業(セロハン製造業を除く。)

③ 電気業

④ ガス業

⑤ 自動車整備業

⑥ 機械修理業

〔資料４〕

短時間KYKの進め方

1R	現状把握 ： どんな危険がひそんでいるか
	① リーダー ⇒ 今日の作業内容を説明する
	② リーダー・メンバー ⇒ "危険要因"と"現象（事故の型）" 「～なので～して～になる」 3項目
2R	本質追及 ： これが危険のポイントだ
	① しぼり込み ＝ 危険のポイント 1項目 ⇒ ◎印 アンダーライン
	② ⇒ 指差し唱和 リーダー「危険のポイント！ ～なので～して～になる ヨシ！」 → 全員「～なので～して～になる ヨシ！」
3R	対策樹立 ： あなたならどうする 危険のポイントに対する具体的で実行できる対策 3項目
4R	目標設定 ： 私達はこうする
	① しぼり込み ＝ 重点実施項目 1項目 ⇒ ※印 アンダーライン
	② ⇒ チーム行動目標 設定
	③ ⇒ 指差し唱和 リーダー「チーム行動目標！ ～する時は～を～しよう ヨシ！」 → 全員「～する時は～を～しよう ヨシ！」
確認	① 指差し呼称項目 設定 リーダー「指差し呼称項目！ ～ ヨシ！」 → 全員「～ ヨシ！」（3回）
	② タッチ・アンド・コール リーダー「災害ゼロでいこう ヨシ！」 → 全員「災害ゼロでいこう ヨシ！」

短時間 KYK 実践のコツ

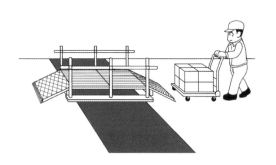

台車運搬
状況 　あなたは、仮設の橋を台車を押しながら渡ろうとしています。

第1ラウンド（現状把握：どんな危険がひそんでいますか）

　第1ラウンドでは、今日の作業で起きる可能性がある災害を出し合います。作業を行う現地で、同じ作業を行う作業者が小集団のチーム（3〜5人）で実施します。

　災害が発生するプロセス（過程）は、危険要因（不安全な状態＋不安全な行動）と現象（事故の型）の組み合わせで表現します。初心者の場合、初めから不安全な状態や不安全な行動を入れて発言するのは、ハードルが高いです。まずは、事故の型だけでもいいので、発言してもらうことに意識を向けます。その時、「資料⑥　自問自答ガイドワード」（33ページ）を使用します。

1）労働災害を事故の型から考える

　例えば、上図の「台車運搬」では、

・墜落や転落するおそれはないか？

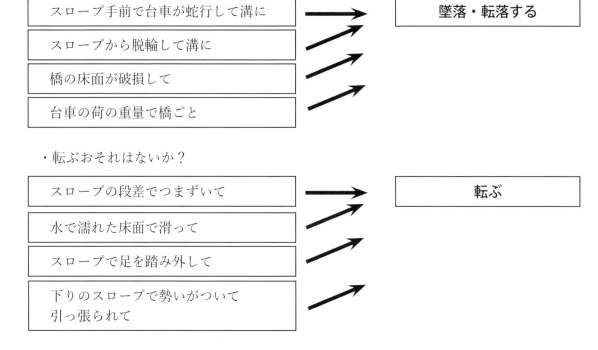

スロープ手前で台車が蛇行して溝に	→	墜落・転落する
スロープから脱輪して溝に	
橋の床面が破損して	
台車の荷の重量で橋ごと	

・転ぶおそれはないか？

スロープの段差でつまずいて	→	転ぶ
水で濡れた床面で滑って	
スロープで足を踏み外して	
下りのスロープで勢いがついて引っ張られて	

事故の型をあげて自問自答することで、「気づき」をうながします。さらに、災害発生のプロセスをもれなく拾い上げるために、ガイドワードを使うことは有効です。

２）労働災害の発生プロセスを考える

どんな災害が起きるのかわかったら、次にその災害が起きやすいあなたの行動を考えます。それが不安全な行動です。そして、その行動をより災害に近づけるまわりの状態を表現します。これが、不安全な状態です。

何が起きるのか （事故の型）	その時あなたの行動は （不安全な行動）	まわりの状態は （不安全な状態）
①墜落する⇒台車が蛇行して溝に	スロープ手前で勢いをつけて押す	台車の車輪取付がゆるんでいる

①台車の車輪取付がゆるんでいるので、スロープ手前で勢いをつけて押して、台車が蛇行して溝に墜落する。

何が起きるのか （事故の型）	その時あなたの行動は （不安全な行動）	まわりの状態は （不安全な状態）
②転倒する⇒段差でつまずいて	スロープを勢いをつけてのぼる	スロープの端に段差がある

②スロープの端に段差があるので、スロープを勢いをつけて上ろうとして、段差につまずいて転倒する。

第１ラウンドの危険要因の中に、不安全な状態と不安全な行動を表現することができれば、ＫＹＴはほぼその目的を達成しています。生産現場では通常存在する不安全な状態に接近し、自分自身が不安全な行動をとれば労働災害になることが明確に指摘されれば、不安全な行動を抑制することで、労働災害の発生を回避することができます。

さらに、危険要因は具体的に表現することが大事です。危険要因を具体的に表現することで、同じ作業をするチームのメンバーで危険要因を共有することができます。具体的とは、頭の中で状況が再現できることです。

第２ラウンド（本質追及：これが危険のポイントだ）

第１ラウンドで出た災害が発生するプロセス３項目を、危険のポイント１項目に絞り込みます。絞り込みは、他の危険を切り捨てる意味ではありません。今日の作業中に集中して意識する危険要因を定めチーム内で共有するためです。絞り込みの要領は２点あります。

①災害発生の頻度に着目し、よく起こりそうな災害はどれか。

②災害発生した場合の重大性に着目し、重傷災害が発生しそうな災害はどれか。

　危険のポイントの絞り込みは、リーダーがリーダーシップを発揮しますが、メンバーの合意を得ることが必要です。メンバー全員が納得できる、関心の高いものを選びます。

第3ラウンド（対策樹立：あなたならどうする）

　危険のポイントに対する「具体的で実行できる対策」を「〜する」と提案します。対策は、「〜しない」といった否定的表現ではなく、「〜する」と肯定的に表現します。「廊下は走らない」ではなく、「廊下は歩く」と表現します。否定的表現にくらべて肯定的表現は、具体的でよりわかりやすいです。

第4ラウンド（目標設定：私達はこうする）

　第3ラウンドで出た対策の中から、今日の重点実施項目を1項目選びます。重点実施項目は、今日の作業中「これだけは必ずやるぞ」という実行をチーム内で誓い合うものです。

　重点実施項目が決まったら、チーム行動目標を設定します。チーム行動目標は、「〜する時は」と場面を特定することで、重点実施項目をより具体化します。

　チーム行動目標は、チームのメンバーが作業中に必ず行う申し合わせ事項なので、指差し唱和して確認します。

確認（指差し呼称項目の設定）

　作業現場で自分たちが実行することを決めたチーム行動目標を実践します。その実践が目的を達成したかどうかを確認するのに、「指差し呼称」という手法を使います。指差し呼称の詳細につきましては後述しますが、指差し呼称を実施することで危険のポイントが解消されたことを確実に確認します。KYKで決めた指差し呼称項目を現場で実践するため、全員で3回唱和して頭の中に叩き込んで現場に持っていきます。

自問自答ガイドワード

番号	自問自答ガイドワード	内　　　容
1	墜落や転落するおそれはないか	はしごや脚立を使用する作業、足場の組立や解体作業、高所から身を乗り出す作業の有無
2	転ぶおそれはないか	作業場や通路の段差やこぼれた油や水、階段の昇降の有無
3	ぶつかるおそれはないか	作業者が移動中、障害となる機械設備や建設物の有無
4	物が落ちてくるおそれはないか	クレーン作業、作業者の頭上での作業の有無
5	くずれたり、倒れかかるおそれはないか	作業範囲内の堆積した物(はい等も含む)、足場、仮設物、地山の有無
6	ぶつかられるおそれはないか	クレーン作業、重機接近作業の有無
7	はさまれたり、巻き込まれるおそれはないか	重機接近作業、プレス機械作業、車両誘導作業、台車運搬作業の有無
8	切れたり、こすれるおそれはないか	刃物類使用作業、金属板取扱作業、紙類取扱作業、研磨作業の有無
9	踏み抜くおそれはないか	作業場や通路の床面の荒れ(材質、老朽化)、床面上の釘や金属片の有無
10	おぼれるおそれはないか	各種タンクや貯水槽類接近作業、河川や湖沼接近作業の有無
11	やけどするおそれはないか	高温物や低温物との接触の有無
12	有害要因と接触するおそれはないか	放射線、有害光線、一酸化炭素、低酸素空気、高気圧、低気圧などの有害環境下での暴露作業の有無
13	感電するおそれはないか	送電線の接近作業、分電盤への配線作業、使用ケーブルやコード類の破損の有無
14	爆発するおそれはないか	爆発物や着火源の有無
15	破裂するおそれはないか	ガスボンベの有無
16	火災が発生するおそれはないか	溶接作業、ガス圧接作業、研磨作業、金属切断作業の有無
17	交通事故にあうおそれはないか	公道上での道路使用作業、駐車場内作業の有無
18	腰を痛めるおそれはないか	重量物取扱作業、介護作業、同一姿勢長時間作業の有無

〔資料7〕 **効果的なリスクアセスメントの進め方**

リスクアセスメントの基本的な手順

手順1　ハザードによる負傷プロセスの特定

↓

手順2　負傷プロセスごとのリスクの見積り

↓

手順3　リスク低減措置の検討

↓

手順4　リスク低減措置の実施

1）リスクアセスメントの基本的な手順

手順1　ハザードによる負傷プロセスの特定

①ハザードを見つける

　職場で作業者を傷つけるものを、「ハザード（危険性又は有害性)」といいます。機械に巻き込まれてケガをすれば、機械がハザードです。また、粉じんを吸って、肺を痛めれば粉じんがハザードです。あるいは、上司にパワーハラスメントを受けてメンタル不調になれば、上司がハザードになります。人を傷つけるものは、すべてハザードです。

　効果的なリスクアセスメントを実施するためには、職場に存在するハザードをもれなく洗い出すことが重要な作業です。その時、ＫＹＫ（危険予知活動）で使用した「資料⑥　自問自答ガイドワード」（33ページ）を利用します。作業手順書や実際の作業を見ながら、この手順に「墜落・転落」を引き起こすハザードはないか、「転倒」を引き起こすハザードはないか、と自問自答します。

②負傷に至るプロセスを表現する

　ハザードを見つけたら、そのハザードがどのように作業者を傷つけるのか、負傷に至るプロセス（過程）を表現します。

　負傷に至るプロセスは、なるべく具体的に表現します。同じ作業をする小集団のリスクに対する認識を共有するためです。また、プロセスの具体的な表現は、「リスクの

見積り」のばらつきを少なくするのに役立ちます。プロセスを把握する方法のひとつとして「様式⑨　負傷プロセス特定票」（57ページ）の利用があります。

　この特定表を利用することで、プロセスの表現に必要な要素をもれなく記入することができます。負傷プロセス特定票に記入したプロセスは、「様式⑩　負傷プロセス記入表」（58ページ）に転記します。

　ハザードの特定でおそれるのは大きなリスクを見逃すことです。それを防ぐために作業手順書やガイドワードを使用します。しかし、作業手順書だけでは騒音や振動などの作業環境に関するハザードが見えてきません。必ず現場で実際の作業に立ち会うことが必要です。

手順2　負傷プロセスごとのリスクの見積り

①リスクとは

　「危険性又は有害性等の調査等に関する指針（平成18年3月10日付け公示第1号）」において、「リスク」が定義されています。リスクとは、「危険性又は有害性によって生ずるおそれのある負傷又は疾病の重篤度及び発生する可能性の度合」です。

　ハザードによる負傷プロセスの特定で表現した労働災害発生のプロセスが、どの程度の確率で発生するのか、発生した時の負傷や病気の重大性がどの程度なのか、その2つの指標の組み合わせで表現されるのがリスクです。

②リスクの見積り

　リスクの見積りの目的は、特定した負傷プロセスについてリスクの大きさを見えるようにして、比較できるようにすることです。大きいリスクを見つけて、そこに経営資源を投入するために必要な手順です。

　リスクの見積りは、事業場で独自に設定した「評価基準」に基づいて、リスクの大きさを把握します。評価基準には、いくつかの方法が提案されていますが、数値化する方法の2要素を紹介します。数値化する方法の長所は、リスクの大きさが実感しやすいことです。「資料⑧　リスクの見積り評価基準」（39ページ）を参照してください。

　1)「負傷に至る可能性」の考え方

　　負傷に至る条件を総合的に考慮し、負傷に結びつく可能性がどの程度あるかを判断します。判断にあたっては以下の点に留意します。

　　・作業者がハザードにさらされる状態になる頻度がどの程度あるのか。

　　・作業者がハザードにさらされたとき、負傷に至る事態となる確率がどの程度あるのか。

・作業者が負傷に至る状態になったとき、負傷から逃れられる可能性（回避の可能性）がどの程度あるのか。

2）「負傷の重大性」の考え方

　ハザードによって引き起こされることが想定される負傷の程度を重大性として判断します。判断にあたっては、通常想定される負傷の中で最も重篤なケガの重大性で判断します。ただし、打ち所が悪ければといった極端な場合を考えると、全ての災害が死亡災害になってしまいます。これでは、全てのリスクが大きいリスクになって、本来経営資源を投入すべきリスクを見つけだすことができません。常識的な範囲で想定します。

3）リスクポイント、リスクレベルの決定

　可能性と重大性の評価点が決まれば、足し算をしてリスクポイントを算定します。リスクポイントが決まれば、評価基準の表からリスクレベルが決まります。

③個人作業からグループ作業へ

　リスクの見積りは、現場作業をよく知っている監督者と作業者が中心になって行います。ハザードによる負傷プロセスの特定で使用した「様式⑩　負傷プロセス記入表」（58ページ）に個人作業で見積り結果を記入します。その結果を同じ作業を行っているグループ内で持ち寄って、見積り合わせを行います。見積り合わせは、「様式⑪　見積り合わせ記入表」（59ページ）を使用して行います。

　見積り合わせの進め方の例を以下に示します。

　　ア）メンバーの見積り結果を聞き取り、A〜D欄（メンバー4人の場合）に記入します。

　　イ）要素ごとの評価点がメンバー全員一致していれば、その評価点をグループの評価点とします。

　　ウ）要素ごとの評価点が一致していなければ、話し合いをします。まず、その要素で1番大きい評価点を付けた人が、その評価点にした理由を説明します。他のメンバーがその理由に合意すれば、その評価点をグループの評価点とします。合意ができなければ、次に2番目に大きな評価点を付けた人が理由を説明します。以下同じように大きい評価点付けた人から順番に理由を説明し、合意できる評価点を見つけ出します。

　　エ）もし合意ができなければ、1番大きな評価点を残し、当面の評価点とします。大きいリスクを見逃さないためです。

グループとしての見積りが決定したら、リスクレベルの大きいものから、リスク低減措置を検討します。

手順3　リスク低減措置の検討

リスク低減措置の検討はリスクレベルの大きいものから、同じリスクレベルであればリスクポイントの大きいものから行います。

前提条件として、法令に定められた実施事項があれば、それをまず実施します。次に優先順位にしたがって検討していきます。

　ア）ハザードを除去または低減する措置

　　まず考えるのは、作業者を傷つけるハザードをなくせないか、または、ハザードが持っているエネルギーを小さくできないか、ということです。具体的には以下のことを考えます。

　　①現行の作業は、ハザードがあるので廃止または変更する。

　　②鋭利な端部は丸くする。

　　③エネルギー（駆動力、高さ、電圧、圧力など）を小さくする。

　　④火災、爆発のおそれのある物質を他のものへ変更する。

　　⑤有害性（有機溶剤、粉じん、騒音、振動、温度など）のないもの、または少ないものへ変更する。

　イ）工学的対策

　　ハザードを除去またはそのエネルギーを低減できなければ、次に作業者をハザードに近づけないようにできないか考えます。ハザードと作業者を「隔離する」考え方です。以下に例を示します。

　　①墜落のおそれのある場所や危険箇所には柵を設置する。

　　②ロボットなどの機械設備を柵で囲い、扉にはインターロック装置（扉を開けるとロボットの電源を遮断する装置）を設置する。

　　③機械設備に光線式やマット式の安全装置を設置する。

　　④粉じん発生箇所では、局所排気装置を設置する。

　ウ）管理的対策

　　リスクアセスメントの目的は、ハザードを除去または低減する措置または工学的対策を実施することです。しかし、どちらのリスク低減措置も費用と時間がかかります。設備改善をともなう低減措置の実施までは、暫定的に管理的対策を実

施します。以下に例を示します。

①工学的対策としてガード（柵）が必要な箇所について、当面の措置として立ち入り禁止のロープを張り、標識を設置する。

②機械設備の取り扱いに関して、インターロック装置や安全装置に不備がある場合、作業手順書を整備し、作業者に対して教育訓練を実施する。また、作業者の手の届く範囲に非常停止スイッチを設置する

③粉じん発生箇所で局所排気装置設置までは、防じんマスクを使用し作業時間を制限することでばく露管理する。

エ）個人用保護具の使用

ハザードを除去することができれば、リスクの可能性がなくなり保護具の使用は必要ありません。しかし、それ以外の低減措置しかとれない場合は、リスクの可能性は残りますので、個人用保護具の使用により、重大性を軽減する必要があります。

低減措置は、まず個人作業で案を考えます。その後、グループ内で持ち寄った案を発表します。リスク低減措置案の中から、費用対効果の優れた実行可能な対策を選択します。「様式⑫　低減措置比較検討表」（60 ページ）を使用し、費用や実施に必要な期間、措置後の残留リスクなどを考慮して選択します。低減措置の選択に当たっては、監督者と作業者の意見をよく聴いて、管理者が決定します。実際に作業を行う人の理解を得ることは、低減措置の効果的な運用に必要なことです。

手順4　リスク低減措置の実施

低減措置を実施したら、低減措置を検討したとき予測した見積り通りにリスクが低減しているかどうかを判断します。判断にあたっては、生産現場の監督者、作業者の意見を参考にします。低減措置の実施状況や残留リスクおよび今後の必要な対応について、「様式⑬　リスクアセスメント進捗状況管理表」（61 ページ）で管理します。

〔資料8〕
リスクの見積り評価基準

1.「負傷に至る可能性」基準

可能性	評価点	内　容
可能性が高い	6点	ハザードに1日に3回以上接近する。(よくある) 防護柵、その他安全装置がない。作業手順書はあるが守りにくい。
可能性がある	3点	ハザードに1日に1回程度接近する。(たまにある) 防護柵、あるいは安全装置が設置されているが、柵が低いなどの不備がある状態。作業手順書はあるが、一部に守りにくいところがある。
可能性はほとんどない	1点	ハザードに週に1回程度接近する。(ほとんど起きない) 防護柵で囲われ、かつ安全装置が設置され、危険領域への立入が困難な状態。作業手順書は整備されており、守りやすい。

2.「負傷の重大性」基準

重大性	評価点	内　容
致命傷	9点	死亡または後遺症の残るケガ 致死外傷、腕・足の切断、失明など
重　傷	5点	休業災害(完治可能なケガ) 骨折、筋断裂など
軽　傷	1点	不休災害 ねんざ、打撲、異物の目への混入など

3. 評価点からリスクレベルの算定
リスクポイント＝「可能性の点数」＋「重大性の点数」
例) 可能性:「可能性がある」

重大性:「重傷」

リスクポイント＝3(可能性がある)＋5(重傷)＝8

評価点数は8点でリスクレベルはⅡ

4. リスクレベルからリスク低減措置の進め方決定

リスクレベル	リスクポイント	リスクレベルの内容	リスク低減措置の進め方
Ⅲ	10〜15	安全衛生上、重大な問題がある	リスク低減措置を直ちに行う
Ⅱ	6〜9	安全衛生上、問題がある	リスク低減措置を速やかに行う
Ⅰ	2〜5	安全衛生上の問題は、ほとんどない	費用対効果を考慮して、リスク低減措置を行う

「指差し呼称」実践のコツ

1）指差し呼称の手順

①対象を見つめて指を差す

これから確認する対象物を見て、利き手で指を差します。

なぜ、指を差すのでしょうか。人間の視線は動きやすいです。それは、中心視力でないとはっきり対象物を見ることができないからです。視力 1.2 というのは中心視力の能力です。周辺視力は極端に落ちてしまうので、視線を動かして対象物全体を把握しています。指を差すと、視線の動きを停めることができます。電線に止まった鳥を数えてみてください。ただ目だけで追うよりも、鳥に指を差して一羽一羽追いかけていくと楽に数えられると思います。

②確認する項目を呼称する（耳は自分の声を聴く）

自分が確認する項目（指差し呼称項目）を呼称します。耳は自分の声を聴きます。

指差し呼称項目は、確認する対象と状態を設定します。何（対象）が、どうなっているのか（状態）を言います。たとえば、スイッチを切ったこと、バルブを閉めたことを確認するのであれば、

　　（対象）　（状態）　　　　　（対象）　（状態）
　「スイッチ　オフ　ヨシ！」　「バルブ　閉め　ヨシ！」

指差し呼称項目は、なるべくわかりやすく具体的に表現します。数字で表現することができれば数字をなるべく入れるとわかりやすいです。

　（対象）　（状態）　　　　　　（対象）　　　　　（状態）
　「吊り荷　離れ　ヨシ！」　　「吊り荷退避距離　3m　ヨシ！」

指差し呼称項目は、「対象と状態」で表現するのが基本ですが、それができないこともあります。その時は、「自分の行動」を呼称して確認します。たとえば、通路にこぼれていた油で滑って転んだ場合、油をふき取ることが行動目標になります。その時の指差し呼称項目は、

（自分の行動）
「油　ふき取り　ヨシ！」

　油をふき取っても油が残っていると、再び滑って転ぶ可能性が残りますので、ふき取った後を見て確認します。

（対象）（状態）
「通路　油なし　ヨシ！」

　対象と状態で確認することができれば確実です。
　指差し呼称項目を自分の耳で聴くことで、今自分が何を確認しているのか再認識することができます。また、自分の声が記憶に残りますので、やったかどうか後で迷うことがなくなります。たとえば、出勤時、自宅の鍵をかけて、「扉　鍵かけ　ヨシ！」と呼称すれば、鍵をかけたかどうか駐車場まで来て迷うことはなくなります。

③指差した利き手を耳元まで振り上げる
　指差し呼称項目を呼称したあとに、指差した利き手を耳元まで振り上げます。ここでもう一度、確認すべき対象物を見ます。今、目の前にある対象物の状態が、先ほど呼称した指差し呼称項目の状態と一致しているのか、長期記憶と照合して確認します。この間（ま）をとることが大事です。あせって判断することを防ぐことができます。指差し呼称の成否は、この間にかかっています。ここでの判断ミスは、災害発生に直結します。

④確認後、振り上げた利き手を対象物に向かって「ヨシ！」と言って、振り下ろす
　対象物の状態を確認できたら、振り上げた利き手を対象物に向かって、「ヨシ！」と言って振り下ろします。

様　式

この職場の安全衛生は 私が管理します。

安全衛生推進者の職務

1. 施設、設備等（安全装置、労働衛生関係設備、保護具等を含む）の点検及び使用状況の確認並びにこれらの結果に基づく必要な措置に関すること。
2. 作業環境の点検（作業環境測定を含む）及び作業方法の点検並びにこれらの結果に基づく必要な措置に関すること。
3. 健康診断及び健康の保持増進のための措置に関すること。
4. 安全衛生教育に関すること。
5. 異常な事態における応急措置に関すること。
6. 労働災害の原因の調査及び再発防止に関すること。
7. 安全衛生情報の収集及び労働災害、疾病・休業等の統計の作成に関すること。
8. 関係行政機関に対する安全衛生に係る各種報告、届出等に関すること。

安全衛生推進者 氏　　　名	

〔様式2〕 # 安全衛生管理規程（例）

※従業員規模 10 ～ 49 人の事業場の規程例です。

第1章　総則

（目的）

第1条　この規程は、労働基準法、労働安全衛生法等関係法令および事業場の就業規則に基づき安全衛生活動の充実を図り、労働災害を未然に防止するために必要な基本的事項を明確にし、従業員の安全と健康を確保するとともに快適な職場環境の形成を促進することを目的とする。

（適用）

第2条　事業場における安全衛生管理については、労働基準法、労働安全衛生法および関係法令ならびに通達等によるもののほか、この規程に定めるところによる。

（事業者の責務）

第3条　事業者は、安全衛生管理体制を確立し、労働災害と職業性疾病を未然に防止するために必要な措置を積極的に推進する。

（従業員の義務）

第4条　従業員は、事業者が法令および本規定に基づき講ずる措置に積極的に協力し、労働災害防止および健康保持増進を図るため努めなければならない。

第2章　安全・衛生管理

（安全衛生管理体制）

第5条　事業者は、安全衛生推進者、産業医を選任し、安全衛生委員会を設置する。

（安全衛生推進者）

第6条　事業者は、法令の定めるところにより安全衛生推進者を選任する。

　　2　安全衛生推進者は、以下の職務を安全衛生業務について責任のある者の指揮を受けて担当する。

　　①施設、設備等（安全装置、労働衛生関係設備、保護具等を含む）の点検及び使用状況の確認並びにこれらの結果に基づく必要な措置に関すること。

　　②作業環境の点検（作業環境測定を含む）及び作業方法の点検並びにこれらの結果に基づく必要な措置に関すること。

　　③健康診断及び健康の保持増進のための措置に関すること。

　　④安全衛生教育に関すること。

⑤異常な事態における応急措置に関すること。

⑥労働災害の原因の調査及び再発防止対策に関すること。

⑦安全衛生情報の収集及び労働災害、疾病・休業等の統計の作成に関すること。

⑧関係行政機関に対する安全衛生に係る各種報告、届出等に関すること。

　3　事業者は、安全衛生推進者を選任したときは、その者の氏名を事業場の見やすい箇所に掲示するなどの方法により従業員に周知する。

（産業医）（推奨事項：法令による義務はありませんが、安全配慮義務の要件から推奨します。）

第7条　事業者は、法令の定めるところにより産業医を選任する。

　2　産業医は、以下の事項を行う。

①健康診断及び面接指導等の実施並びにこれらの結果に基づく労働者の健康を保持するための措置に関すること。

②作業環境の維持管理に関すること。

③作業の管理に関すること。

④労働者の健康管理に関すること。

⑤健康教育、健康相談その他労働者の健康の保持増進を図るための措置に関すること。

⑥衛生教育に関すること。

⑦労働者の健康障害の原因の調査及び再発防止のための措置に関すること。

　3　産業医は、少なくとも毎月1回作業場を巡視し、作業方法又は衛生状態に有害のおそれがあるときは、直ちに労働者の健康障害を防止するため必要な措置を講じる。

（安全衛生委員会）（推奨事項：同上）

第8条　事業者は法令の定めるところにより安全衛生委員会を設置する。

　2　安全衛生委員会は、以下の事項について調査審議を行う。

①労働者の危険を防止するための基本となるべき対策及び健康障害を防止するための基本となるべき対策に関すること。

②労働者の健康の保持増進を図るための基本となるべき対策に関すること。

③労働災害の原因及び再発防止対策に関すること。

④安全衛生に関する規程の作成に関すること。

⑤危険性又は有害性等の調査及びその結果に基づき講ずる措置（労働安全衛生法第28条の2第1項）に関すること。

⑥安全衛生に関する計画の作成、実施、評価及び改善に関すること。

⑦安全衛生教育の実施計画の作成に関すること。

⑧有害性の調査（労働安全衛生法第57条の3第1項）並びにその結果に対す

る対策の樹立に関すること。

⑨作業環境測定（労働安全衛生法第 65 条第 1 項）の結果及びその結果に基づく対策の樹立に関すること。

⑩定期に行われる健康診断、都道府県労働局長による指示（労働安全衛生法第 66 条第 4 項）を受けて行われる臨時の健康診断、自ら受けた健康診断（労働安全衛生法第 66 条の 2）及び法に基づく他の省令の規定に基づいて行われる医師の診断、診察又は処置の結果並びにその結果に対する対策の樹立に関すること。

⑪労働者の健康の保持増進を図るため必要な措置の実施計画の作成に関すること。

⑫長時間にわたる労働による労働者の健康障害の防止を図るための対策の樹立に関すること。

⑬労働者の精神的健康の保持を図るための対策の樹立に関すること。

⑭厚生労働大臣、都道府県労働局長、労働基準監督署長、労働基準監督官又は労働衛生専門官から文書により命令、指示、勧告又は指導を受けた事項のうち、労働者の危険の防止及び健康障害の防止に関すること。

3　安全衛生委員会の委員構成は、以下に基づくものとする。

①議長は、事業場においてその事業の実施を統括管理する者若しくはこれに準ずる者のうちから事業者が指名した者とする。

②その他の委員については、委員の半数は、事業者が選任した安全衛生推進者、産業医、労働者等とする。残りの半数については、労働者の過半数で組織する労働組合又は労働者の過半数を代表する者の推薦に基づき指名する。

4　安全衛生委員会は毎月 1 回以上開催し、議事録（様式⑤、53 ページ参照）を作成し、これを 3 年間保存する。

5　安全衛生委員会の議事内容については、事業場の労働者に周知する。

第 3 章　就業にあたっての措置

（安全衛生教育）

第 9 条　事業者は、安全衛生に関する知識および技能を修得させるとともに、安全衛生意識の向上を図るため、次の教育を実施する。

①雇入れ時教育、作業内容変更時教育

②危険・有害業務従事者特別教育

③職長教育、その他監督者安全衛生教育

④その他安全衛生の水準向上を図るため、危険または有害業務に現に就いている者に対する安全衛生教育。

2　従業員は、事業者の行う安全衛生教育に積極的に参加しなければならない。

（就業制限）

第10条　事業者は、ボイラーの取扱その他の業務で法令で定めるものについては、資格を有する者でなければ当該業務に就業させないこととする。

　　2　法令で定める資格を有する従業員以外は当該業務を行ってはならない。

（中高年齢者等）

第11条　事業者は、中高年齢者その他労働災害防止上その就業に当たって、特に配慮を必要とする者については、これらの者の心身の状態に応じて適正な配置を行うように努める。

第4章　職場環境の整備

（環境の整備）

第12条　事業者は、事業場における安全衛生水準の向上を図るため、次の措置を継続的かつ計画的に講じ、快適な職場環境の形成に努める。
　　①作業環境を最適な状態に維持管理するための措置。
　　②作業方法の改善。
　　③休憩施設の設置及び整備。
　　④その他快適な職場環境を形成するために必要な措置。

（保護具、救急用具）

第13条　事業者は、保護具及び救急用具の適正使用、維持管理について従業員に対し指導、教育を行うとともに、その整備に努める。

（機械設備の点検整備）

第14条　事業者は、機械設備等について、法令及び社内点検基準に定めるところにより、点検整備を実施し、その結果を記録保存する。

（整理整頓）

第15条　事業者は、常に職場の整理整頓について適正管理し、常に職場を安全で快適かつ機能的な状態に保持する。

第5章　健康の保持増進措置等

（健康診断及び面接指導）

第16条　事業者は、従業員に対し法令の定めるところにより、医師による健康診断を行う。

2　事業者は、有害業務に従事する従業員及び有害業務に従事させたことのある従業員に対し、医師による特別の項目について健康診断を行う。

3　事業者は、健康診断の結果及び月の労働時間が 100 時間を超える場合の状況その他を考慮して面接指導の対象となる労働者の面接指導の実施、その結果に基づく従業員の健康を保持するための措置について、医師の意見を聴く。

4　面接指導の結果は記録を作成し、5 年間保存する。

5　事業者は、医師の意見を勘案し、その必要があると認めるときは、当該従業員の健康状態等を考慮して、就業場所の変更、作業の転換、労働時間の短縮等の措置を講ずるほか、作業環境測定の実施、施設又は設備の設置、その整備及びその他の適切な措置を講ずる。

6　事業者は、健康診断を受けた従業員に対し、法令の定めるところにより、当該健康診断の結果を通知する。

7　事業者は、健康診断の結果、特に健康の保持に努める必要があると認める従業員に対し、医師、保健師による保健指導を行うよう努める。

8　従業員は、事業者が行う健康診断を受けなければならない。

（病者の就業禁止）

第 17 条　事業者は、伝染性の疾患その他の疾病で、法令の定めるものにり患した従業員に対し、その就業を禁止する。

2　事業者から就業の禁止を指示された従業員は、就業してはならない。

（健康の保持増進措置）

第 18 条　事業者は、従業員に対する健康教育、健康相談及びその他従業員の健康の保持増進を図るため必要な措置を継続的かつ計画的に講ずるよう努める。

2　従業員は、前項の会社が講ずる措置を利用して、その健康の保持増進に努める。

（秘密保持）

第 19 条　事業者及び従業員の健康診断業務に従事した者は、業務上知り得た従業員の健康上の秘密を他に漏らしてはならない。

第6章　その他

（元方事業場としての措置）

第20条　事業者は、事業場内での関係請負事業者の労働災害を防止するための措置を講ずる。当該措置は、「製造業における元方事業者による総合的な安全衛生管理のための指針」（平成18年8月1日　基発第0801010号）に記載された元方事業者が実施すべき事項とする。

（交通安全）

第21条　事業者は、交通関係法令に定める諸規定に従い、交通事故防止に必要な措置を講じ、交通安全の推進を図る。
　　　　2　従業員は、法令及び定められた諸規定を守り、交通安全に努める。

附則
1　この規程は、令和　　年　　月　　日から施行する。
2　この規程は、必要により随時改訂することがある。

安全衛生方針

－ 安全なくして社の発展なし －

　労働安全、労働衛生の目的は、従業員を出勤した時の姿のままで家庭にお返しすることです。働く場において、だれひとり怪我をさせない、だれひとり病気にしないことを目標に安全衛生活動を展開します。

　1. 当工場の主なリスクは、「機械設備と作業者の接近」「作業者の資材搬入車両への接近」から発生します。機械設備の点検整備、場内環境の整備を継続的に実施することで、リスク低減を図り、労働災害ゼロを達成します。

　2. 労働安全衛生に関する法令や当工場の安全衛生管理規程を遵守します。

　3. 安全衛生方針、年間安全衛生管理計画を全従業員に周知します。管理計画に明記された安全衛生目標を達成するため、労使一体となって、安全衛生活動を展開します。

　4. 安全衛生活動は、有効性を確保するため定期的に見直します。

　　　　　　　　　　　　　　　　　　　○○○○年○○月○○日
　　　　　　　　　　　　　　　　　　　○○株式会社

　　　　　　　　　　　社長　○○　○○

〔様式4〕

令和〇〇年度 年間安全衛生管理計画(例)

〇〇株式会社〇〇工場

実施事項	目標	担当部署	月	4	5	6	7	8	9	10	11	12	1	2	3	成果
安全衛生教育 1)法定教育 ・雇入れ時教育 ・新任職長教育	受講率100% ・雇入れ2名 ・職長2名	総務課	予定	雇入れ2名	職長2名											雇入れ(2/2) 達成率100% 職長教育(2/2) 達成率100%
			実績	雇入れ2名	職長2名											
2)KYトレーナー養成 ・中災防研修受講	受講率100% ・4名受講	総務課	予定				2名									4/4 達成率100%
			実績				2名									
リスクアセスメント 1)機械入替部署	実施率100% ・8工程	各課	予定				2工程		2工程	2工程	2工程					7/8 達成率88%
			実績				2工程		2工程	2工程	1工程					
2)前年度低減措置未実施箇所実施	実施率100% ・4箇所	各課	予定	2箇所	2箇所											4/4 達成率100%
			実績	2箇所	2箇所											
職場自主活動 1)KY活動実施	実施率100% ・1回/日	各課	予定	22回	18回	22回	22回	16回	18回	21回	20回	17回	18回	20回	22回	236/236 達成率100%
			実績	22回	18回	22回	22回	16回	18回	21回	20回	17回	18回	20回	22回	
2)4S活動実施	実施率100% ・1H/月	各課	予定	1H	1H	1H	1H	1H	1H	1H	1H	1H	1H	1H	1H	12/12 達成率100%
			実績	1H	1H	1H	1H	1H	1H	1H	1H	1H	1H	1H	1H	
3)改善提案活動実施	実施率100% ・各課2件/月	各課	予定	2件	2件	2件	2件	2件	2件	2件	2件	2件	2件	2件	2件	21/24 達成率88%
			実績	1件	2件	2件	2件	2件	2件	2件	2件	1件	2件	2件	2件	
職場巡視 1)経営者巡視	実施率100% ・1回/月	総務課	予定	1回	1回	1回	1回	1回	1回	1回	1回	1回	1回	1回	1回	12/12 達成率100%
			実績	1回	1回	1回	1回	1回	1回	1回	1回	1回	1回	1回	1回	
2)安全衛生推進者巡視	実施率100% ・1回/週	総務課	予定	5回	4回	4回	5回	4回	4回	5回	4回	4回	4回	4回	4回	51/51 達成率100%
			実績	5回	4回	4回	5回	4回	4回	5回	4回	4回	4回	4回	4回	
作業環境測定 1)有機溶剤	実施率100% ・2回/年	総務課	予定	1回						1回						2/2 達成率100%
			実績	1回						1回						

〔様式5〕

安全衛生委員会議事録（例）

議題	令和○○年○○月度安全衛生委員会		
開催日	令和○年○月○日（金）13:00〜15:00	場所	本社会議室
出席者	議長（工場長）○○　○○ 産業医　○○　○○ 安全衛生推進者　○○　○○ 　　　　　⋮ 総務課長　○○　○○	組合代表 　○○　○○，○○　○○，○○　○○ 　　　　　　　⋮		

議　事　内　容	担当部署
1、議長挨拶	
2. 安全衛生管理規程に関すること 1)安全管理者、衛生管理者の有資格者確保について	総務課
3. リスクアセスメントに関すること 1)前回実施分のリスク低減措置の実施状況について報告 　　別紙参照 2)残留リスクに対する考え方について説明 3)次回実施分の予定について 　　別紙参照	総務課
4、今年度安全衛生管理計画の進捗状況について 1)安全衛生教育の報告書提出について(様式変更) 2)部署別の職場巡視結果について 　　別紙参照 3)ヒヤリハット活動の実施状況について 　　別紙参照 　　提出勧奨の要請	総務課 製造課 各課 製造課
5. 今月の行事予定	総務課

〔様式６〕

雇入れ時（作業内容変更時）教育記録（例）

〇〇株式会社

実　施　年　月　日	〇〇年〇〇月〇〇日　〜　〇〇月〇〇日	
新規雇入（作業内容変更）者氏名	〇〇　　〇〇	
教　育　項　目	教　育　時　間	教　育　担　当　者
・　私たちの仕事について	9時00分〜10時00分	△△　△△
・　作業分担とあなたの役割	10時10分〜10時40分	△△　△△
・　作業手順について	10時40分〜11時00分	△△　△△
・　作業上の危険性又は有害性について（リスクアセスメント結果）	11時10分〜11時40分	△△　△△
・　機械の取扱について（安全装置、保護具の使用について）	13時00分〜14時00分	□□　□□
・　機械、器具の点検について	14時10分〜15時00分	□□　□□
・　整理、整頓及び清潔の保持について	15時10分〜15時30分	□□　□□
・　事故災害発生時における対応について	15時30分〜15時50分	□□　□□
・　職場内の設備について	16時00分〜16時40分	□□　□□
・　職場の定例行事について	16時40分〜17時00分	□□　□□

私は上記の教育を受講しました。

〇〇年〇〇月〇〇日　　　　　　　氏名（自署）　〇〇　〇〇

〔様式7〕

整理番号	作業手順書(例)		承　認		作成者
B－1					

研修課　第2係		作業者	1　名	作成年月日	○○.○.○
作業名	研修用机移動作業			改定年月日	
機械・材料	なし			過去の災害事例	
道工具	なし		倉庫に収納時、急いでいて勢いよくたたんだ机を押して手が離れ、扉に当たり、扉を破損した。(R.○○.○.○)		
保護具	なし				
免許・資格	なし				
作業の範囲	研修室に配置されている研修用机を倉庫に収納する。				

作業区分	No.	手　順	作業のコツ	備　考
本　作　業	1	位置につく。(正面に向かって右側操作の場合)	① レバーの位置を確かめて ② 右側面に正対して	・レバーは左右両側面にある。
	2	机をたたむ。	① 左手を机下に入れ、レバーを上に押し上げながら ② 右手を広げて机の角をつかみ、押し下げながら(①と同時に) ③ 机の長手方向を軸にゆっくりと回転させて	
	3	車輪のストッパーを解除する。	① ストッパーの付いた車輪の位置を確かめて ② 利き手の人差し指で ③ ストッパーの上部を押して	・ストッパーが効いたまま、無理に移動させると破損する。
	4	机を移動する。	① 着席側の中央に正対して ② 上部を両手で持って ③ ゆっくりと	・車輪の滑りが悪い場合は、一旦止まりストッパーの状態を点検する。
	5	机を置く。	① 置場所を決めて ② 奥から順番に	・床に表示された枠内に収める。
	6	車輪のストッパーを固定する。	① ストッパーの付いた車輪の位置を確かめて ② 利き手の人差し指で ③ ストッパーの下部を押して	
異常時の措置			・物品の破損(ストッパーの故障など)を見つけた時は、直ちに総務課に連絡し、指示を受けること。	

危険予知活動表

グループ名	○○作業班	令和　年　月　日（　）

どんな危険が？ ➡ ◎危険のポイント

対策 ➡ ※重点実施項目

危険のポイント	対策
1 バケツを地面に置き、中腰で繰り返し雑巾を洗って腰を痛める	1 静かにゆっくり上がる
◎2 急いで掃除を終わらせようと脚立を駆け上がり、ぬかるんだ地面に置いて脚立が傾き落ちる	2 ぬかるんだ土をはぎ取る
3 脚立を移動させようと3段目から飛び降りて、ぬれた地面で滑って転ぶ	※3 敷板を置く

行動目標	ぬかるんだ地面に脚立を立てる時は、敷き板を置こう　ヨシ！
指差し呼称	脚立　がたつきなし　　　　　　　ヨシ！

リーダー							合計
参加者名							名

〔様式9〕

負傷プロセス特定票(例)

実施日	○○年○月○日

実施者	○○　○○

作業名	フォークリフトによる荷運搬作業

① ハザード （～が、～に、～と）	② 人 （～が、～に、～と）
フォークリフトで搬出中の荷が	仕分け作業している作業者に

③ 危険状態 （ハザードと人が接触する状態） （～する時、～するため、～して）

荷が崩れて落下して

④ 安全衛生対策の不備 （～なので、～がないので）

3段積みしていたので(走路のそばで仕分け作業していたので)

⑤ 負傷又は疾病の状況（発生のおそれのある災害）

仕分け作業者に当たり、足を骨折する。

作業名	フォークリフトによる荷運搬作業

① ハザード （～が、～に、～と）	② 人 （～が、～に、～と）
フォークリフトが	仕分け作業している作業者に

③ 危険状態 （ハザードと人が接触する状態） （～する時、～するため、～して）

前が見えないまま直進して

④ 安全衛生対策の不備 （～なので、～がないので）

荷を高く積んで前が見えないので(走路と仕分け場所の間に柵が無いので)

⑤ 負傷又は疾病の状況（発生のおそれのある災害）

仕分け作業者に激突し、腰を骨折する。

〔様式10〕

負傷プロセス記入表

実施日　〇〇年〇月〇日

	所属	実施者
	〇〇課	〇〇 〇〇

番号	作業内容	ハザードによる負傷プロセス	リスクの見積り			
			負傷に至る可能性	負傷の重大性	リスクポイント	リスクレベル
①	フォークリフト運搬作業（運搬中）	荷物を運搬中、3段積みしていたので荷崩れし荷物が落下し、仕分け作業していた作業者に当たり、足を骨折する。	3	5	8	II
②	同上	搬出作業中、積んでいる荷物で前が見えず、仕分け作業中の作業者に激突し、腰を骨折する。	3	9	12	III
③	同上	荷物を運搬中、フォークの差し込みが浅いので、振動で前方へずれて荷物が落下し、仕分け作業中の作業者に当たり、腰を骨折する。	3	9	12	III
④						
⑤						
⑥						
⑦						
⑧						

58

〔様式11〕

見積り合わせ記入表

実施日 ○○年○月○日

実 施 者
A A、 B B、 C C、 D D

番号	作業内容	ハザードによる負傷プロセス	リスクの見積り（現状）負傷に至る可能性	リスクの見積り（現状）負傷の重大性	リスクの見積り（現状）リスクポイント	リスクの見積り（現状）リスクレベル	メンバー	リスクの見積り合わせ（現状）負傷に至る可能性	リスクの見積り合わせ（現状）負傷の重大性	リスクの見積り合わせ（現状）リスクポイント	リスクの見積り合わせ（現状）リスクレベル
①	フォークリフト運搬作業（運搬中）	荷物を運搬中、3段積みしていたので荷崩れし荷物が落下し、仕分け作業していた作業者に当たり、足を骨折する。	3	5	8	II	A	3	5	8	II
							B	6	5	11	III
							C	1	5	6	II
							D	3	5	8	II
							グループ	3	5	8	II
②	同上	搬出作業中、積んでいる荷物で前が見えず、仕分け作業中の作業者に激突し、腰を骨折する。	3	9	12	III	A	3	9	12	III
							B	1	9	10	III
							C	3	5	8	II
							D	3	9	12	III
							グループ	3	9	12	III
③	同上	荷物を運搬中、フォークの差し込みが浅いので、振動で前方へずれて荷物が落下し、仕分け作業中の作業者に当たり、腰を骨折する。	3	9	12	III	A	3	9	12	III
							B	3	5	8	II
							C	3	5	8	II
							D	3	9	12	III
							グループ	3	5	8	II

低減措置比較検討表

	実施日	実施者
現状評価	R.○.○.○	○○○○、△△△△、□□□□
低減措置比較検討	R.○.○.○	○○○○、△△△△、□□□□

番号	作業内容	ハザードによる負傷プロセス	リスクの見積り(現状)				リスク低減措置	リスクの見積り(予測)				費用	必要期間	備考(残留リスクなど)
			負傷に至る可能性	負傷の重大性	リスクポイント	リスクレベル		負傷に至る可能性	負傷の重大性	リスクポイント	リスクレベル			
①	フォークリフト運搬作業(運搬中)	荷物を運搬中、3段積みしていたので荷崩れし荷物が落下し、仕分け作業していた作業者に当たったり、足を骨折する。	3	5	8	II	荷物をはパレットに積み、ゴムバンドで固定する。	1	5	6	II	・パレット、ゴムバンド代○○○円	・1週間程度	・ゴムバンドは劣化するため、定期交換のため予備が必要。
②	同上	同上	3	5	8	II	仕分け作業者は、フォークリフト通過中は立ち上がり、右手を挙げて運転手に合図する。	3	5	8	II	・教育時間の人件費のみ	・朝礼時と現地教育で1時間程度	・措置は作業者に依存するためリスクレベルはその主管理する。
③	同上	同上	3	5	8	II	3段積みを平積み(1段)に変更する。	1	5	6	II	・作業効率の低下大きい(1/3)	・直ちに実施できる	・平積み(1段)の安定性検証必要。ゴムバンドの併用検討必要。
④														

〔様式13〕

リスクアセスメント進捗状況管理表

	実施日	実施者
現状評価	○○.○.○	○○○○、△△△△、□□□□、◇◇◇◇
措置後予測	○○.○.○	○○○○、△△△△、□□□□、◇◇◇◇
措置後評価	○○.○.○	○○○○、△△△△、□□□□、◇◇◇◇

番号	作業内容	ハザードによる各負傷プロセス	リスクの見積り(現状)				リスク低減措置	リスクの見積り(予測)				完了日	リスクの見積り(措置後)				残留リスクや今後の対応について
			負傷に至る可能性	負傷の重大性	リスクポイント	リスクレベル		負傷に至る可能性	負傷の重大性	リスクポイント	リスクレベル		負傷に至る可能性	負傷の重大性	リスクポイント	リスクレベル	
①	フォークリフト運搬作業(運搬中)	荷物を運搬中、3段積みしていたので荷崩れし荷物が落下し、仕分け作業していた作業者に当たり、足を骨折する。	3	5	8	Ⅱ	①荷物をパレットに積み、ゴムバンドで固定する。②仕分け作業者は、フォークリフト通過中は立ち上がり、右手を挙げて運転手に合図を図る。	1	5	6	Ⅱ	①R○.○.○ ゴムバンド配置 ②R○.○.○ 作業者教育終了	1	5	6	Ⅱ	①ゴムバンドは劣化すると切断のおそれがある。点検項目に加えること。②配置転換時の教育に加えること。
②																	
③																	
④																	

〔様式14〕

リスクアセスメント実施要領（例）

承　認	工場長
起　案	安全衛生課長

○○株式会社　○○工場	文書番号	
安全衛生管理規程	制定：	
	改訂：	

1章　総則 **1-1　目的**	リスクアセスメントは、厚生労働省による「危険性又は有害性等の調査等に関する指針」に基づき実施する。工場内におけるハザードを特定し、これらによるリスクを見積り、これらのリスクを除去又は低減する措置を検討し、実施する。その結果、従業員が安心して働くことのできる職場環境の形成を目的とする。	
1-2　適用	工場内全域を対象とする。	
1-3　用語の定義	本要領で用いるリスクアセスメントに関する用語の定義は、「危険性又は有害性等の調査等に関する指針」に準拠する。	
2章　実施		
2-1　体制	(1)　リスクアセスメント実施の役割	

役　　職	RA実施の役割
工場長	リスクアセスメント総括管理者
製造部長	リスクアセスメント責任者
安全衛生課長	リスクアセスメント推進者
製造課長	リスクアセスメント実施責任者
職長	リスクアセスメント実施推進者
作業者	リスクアセスメント実施者

(2)　教育
　リスクアセスメントに関する教育は、別途定める年間安全衛生計画に基づき実施する。

2-2　時期

(1)　定期実施
　リスクアセスメントの実施計画は、安全衛生課長が製造課長と協議のうえ3月31日までに起案し、製造部長及び工場長の承認を得る。

(2)　随時実施
　以下のような建設物、設備、作業方法等に変更が生じた場合は、その都度リスクアセスメントを実施する。実施後、製造課長は実施結果を安全衛生課長に報告する。
　①建設物を設置し、移転し、変更し、又は解体するとき。
　②設備を新規に採用し、又は変更するとき。
　③作業方法又は原材料を新規に採用し、又は変更するとき。
　④労働災害又は重大ヒヤリ・ハットが発生し、過去のリスクアセスメントの内容に問題が

あると考えられる場合。

　⑤同様な設備、ラインがある他工場において労働災害が発生した場合。

2-3　対象　　　　　工場内における全ての作業を対象とする。なお、実施する順番は以下の優先順位とする。

　①過去に労働災害が発生した作業

　②重大ヒヤリ・ハットが報告された作業

　③改善提案事例が多く提出される作業

　④設備と作業難易度の観点から災害の発生が合理的に予見可能な作業

　⑤操作が複雑な機械設備を使用する作業

　⑥車両系荷役運搬機械を使用する作業

　⑦その他の作業

2-4　情報の入手　　製造課長は、職場におけるハザードを特定するために必要な次の情報を収集し、整理する。

　①作業手順書、機械設備の仕様書及び取扱説明書、化学物質の安全データシート
　　（SDS）等の使用する機械設備、材料に関する情報

　②工場の平面図、機械設備の配置図等の作業の周辺環境に関する情報

　③作業環境測定結果、健康診断結果

　④複数の事業者が同一の場所で実施する作業（混在作業）に関する情報

2-5　実施　　　　　(1)　ハザードによる負傷プロセスの特定

　作業者は、全員でハザードの特定を実施する。作業者がハザードとどのように接触し、労働災害に至るか（ハザードによる負傷プロセス）を「負傷プロセス特定票」（様式⑨、57ページ）を使って表現し、「負傷プロセス記入表」（様式⑩、58ページ）に記入する。

　負傷プロセスの特定にあたっては、以下の点に留意して実施する。

　①作業手順書を使って、作業手順のステップごとに特定する。

　②「自問自答ガイドワード」（資料⑥、33ページ）を利用する。

　③実際の作業をよく観察し、作業手順書の遵守状況を確認する。

　④作業環境（騒音、振動、気温、照明等）の影響を考慮する。

　職長は、作業者が記入した「負傷プロセス記入表」（様式⑩）をとりまとめて、一覧表にする。

　(2)　負傷プロセスごとのリスクの見積り

　職長は、全ての特定したリスクが記入された「負傷プロセス記入表」（様式⑩）を作業者に配布する。

　作業者は、「リスクの見積り評価基準」（資料⑧、39ページ）を使用し、配布された「負傷プロセス記入表」（様式⑩）に記入されたリスクごとに見積りを行う。（個人作業）

　職長は、作業者を集め、持ち寄った「負傷プロセス記入表」（様式⑩）をもとに、「見積り合わせ記入表」（様式⑪、59ページ）に転記する。以下の手順で見積り合わせを行なう。

　①可能性と重大性のそれぞれの点数が全員一致していれば、その点数をグループの点数として、グループの欄に記入する。

②ばらついていれば、要素ごとに大きな点数をつけた人から理由を説明し、全員が納得できる点数を見つける。

③全員が納得することができなければ、当面の対応として一番大きな点数をグループの点数とする。

④各要素の点数が決まれば、足してリスクポイントを出し、リスクレベルを決定する。

職長は、リスクレベルが決定したら、結果を「低減措置比較検討表」(様式⑫、60ページ)に転記し、製造課長に提出する。

(3) リスク低減措置の検討

1)優先度の設定

製造課長は、リスクレベルの高いものから優先的にリスク低減措置の検討を行う。

2)関係法令及び社内規定等の検証

製造課長は、リスクに対しての現状の措置が労働安全衛生法又はこれに基づく命令若しくは社内規定等に適合しているかを検証する。適合していない場合は、製造部長に報告の上、改善する。

3)リスク低減措置の検討

製造課長は、職長及び作業者にリスクレベルの高いものからリスク低減措置の検討を指示する。

職長及び作業者は、リスク低減措置の優先順位に従い、リスク低減措置の検討を行う。検討に当たっては、「低減措置比較検討表」(様式⑫)を使用し、費用、必要期間、残留リスク等を比較検討する。必要に応じて、安全衛生課長及び技術部員に助言を求める。検討終了後、検討結果を記載した「低減措置比較検討表」(様式⑫)を製造課長に提出する。

(4)リスク低減措置の決定及び実施

1)リスク低減措置の決定

製造課長は、提出された「低減措置比較検討表」(様式⑫)を確認し、費用対効果や実現性を考慮し、製造部長の承認を得て決定する。

2)リスク低減措置の実施

製造課長は、職長及び作業者に決定したリスク低減措置の実施を指示する。

職長は、作業者と共にリスク低減措置を実施する。進捗状況をその都度、製造課長に報告する。

製造課長は、「リスクアセスメント進捗状況管理表」(様式⑬、61ページ)を使用し、リスク低減措置の進捗状況を管理する。進捗状況は安全衛生委員会で報告する。

(5)リスク低減措置の効果確認

1)リスク低減措置の効果確認

製造課長は、リスク低減措置実施完了後、職長にリスクの再評価を指示する。

職長は、製造現場の作業状況、作業者の意見を参考にリスクを再評価し、「リスクアセスメント進捗状況管理表」(様式⑬)に記入する。記入後、製造課長に報告する。

2)リスク低減措置の再実施

製造課長は、効果確認の結果、当該リスク低減措置が不十分と判断した場合、

		職長に低減措置の再検討を指示する。
3章　管理		
3-1　記録の作成		(1)リスク管理の報告 　　製造課長は、「リスクアセスメント進捗状況管理表」(様式⑬)を用いて、措置後の リスクレベルがⅡ以上のリスクを残留リスクとして管理する。 　　製造課長は、製造部長に「リスクアセスメント進捗状況管理表」(様式⑬)により、 リスクアセスメントの実施結果を報告し、承認を受ける。承認後、「リスクアセスメント 進捗状況管理表」(様式⑬)の写しを安全衛生課長に提出する。 (2)残留リスクの周知 　　製造課長は、残留リスク及びその対策を月初めの朝礼及び安全衛生委員会で 作業者に説明する。 　　職長は、残留リスクのある機械設備に、残留リスクの内容と対策を表示する。 (3)安全衛生委員会での審議 　　安全衛生課長は、提出された「リスクアセスメント進捗状況管理表」(様式⑬)を 安全衛生委員会で報告し、審議する。
3-2　記録の保管		(1)各製造課 　　製造課長は、「低減措置比較表」(様式⑫)、「リスクアセスメント進捗状況管理表」 (様式⑬)を保管し、管理する。 　　職長は、「見積り合わせ記入表」(様式⑪)を保管し、管理する。 (2)工場全体 　　安全衛生課長は、各製造課長から提出を受けた「リスクアセスメント進捗状況管理表」 (様式⑬)により工場全体の進捗状況を把握する。残留リスクへの対応等、必要に応じ て各製造課長より情報収集を行い、法令改正や他社の情報等の情報提供を行う。
3-3　本要領の見直し		安全衛生課長は、年度初めに本要領の見直しを行う。改訂にあたっては、安全衛生 委員会で審議のうえ決定する。決定後は、改訂版を配布し周知する。

〔様式15〕

赤　札

使用したら、整理責任者に渡してください

品　名	事務用椅子
数　量	3脚
赤札取付日	202〇年　〇〇月　〇〇日
判定期間	3ヶ月　・（6ヶ月）・　1年
判定期日	202〇年　〇〇月　〇〇日
整理責任者	〇〇　〇〇
特記事項	使用する場合は点検する必要があります。

※現物は赤色です。

〔様式16〕　　　　**安 全 衛 生 日 誌 （例）**

		○○年　○○月　○○日(火)天候　晴 記録者　　　○○　○○	検 印	
安全点検	点検の対象	製造1課		
	異常の有無	無 ・ ⦿有　状況（　安全通路が水でぬれている　）		
	措置内容	原因調査を班長○○に指示する。(10:20) ○○班長より報告有。昨夜の雨の降りこみを放置したもの。清掃済。(11:30)		
衛生点検	点検の対象	製造1課		
	異常の有無	Ⓝ無・ 有　状況（　　　　　　　　　　　　　　　　　　　）		
	措置内容			
指示事項	誰に	製造1課○○氏		
	指示の内容	天井クレーンNo.2のペンダントスイッチが汚れて見えにくい。清掃を指示する。		
	改善状況	⦿是正済・ 再指示（　　　　　　　　　　　　　　　）		
特記事項	・安全通路のラインが薄くなっている箇所有。安全衛生委員会で改善提案すること。			

		年　　月　　日(　　)天候 記録者	検 印	
安全点検	点検の対象			
	異常の有無	無 ・ 有　状況（　　　　　　　　　　　　　　　　　　）		
	措置内容			
衛生点検	点検の対象			
	異常の有無	無 ・ 有　状況（　　　　　　　　　　　　　　　　　　）		
	措置内容			
指示事項	誰に			
	指示の内容			
	改善状況	是正済 ・ 再指示（　　　　　　　　　　　　　　）		
特記事項				

〔様式17〕

職場巡視点検表(例)

状況欄凡例	レ:良好 ×:指導 / :該当なし		○○○○㈱安全衛生委員会	
点 検 日	○○年 ○月 ○日(金)	点 検 者	○○○○	
作 業 名	○○製造ライン	担 当 者	○○○○	
作業内容	○○製造及び出荷前検査			
労働者数	製造 5名 検査 2名	合計 7名		

区分	点 検 項 目	状 況	区分	点 検 項 目	状 況
一般事項	緊急時連絡体制図の掲示	レ	クレーン作業	操作者の資格	レ
	作業主任者の選任、職務の掲示	レ		玉掛者の資格	レ
	ワイヤー点検色表示板の設置	レ		本体作業開始前点検実施、記録	レ
	安全衛生旗(安全旗、衛生旗)の設置	レ		玉掛用具作業開始前点検実施、記録	レ
	安全標識の維持管理(汚れ、かすれ)	レ		定期自主検査の実施、記録	レ
	安全通路の維持管理(障害物、線引き)	×1		月例点検の実施、記録	レ
	朝礼の実施	レ		フックのはずれ止め(破損の有無)	レ
	危険予知活動の実施	レ		ペンダントスイッチ(汚れの有無)	×4
	消火器及び位置表示の維持管理	レ		ペンダントコード(破損の有無)	レ
	救急箱の維持管理	レ		合図の的確な実施(方法)	レ
	救急用品(担架等)の維持管理	レ			
			フォークリフト	作業計画書の作成、周知	レ
作業員	作業時の服装管理	レ		作業開始前点検実施、記録	レ
	安全靴、安全長靴着用	レ		特定自主検査標章の貼付	レ
	高所作業(墜落制止用器具)	/		月例点検の実施、記録	レ
	保護具(耳栓、各種メガネ・マスク・手袋)	レ		運転者の資格	レ
	指差し呼称の実施	レ		降車時の措置	レ
5S活動	赤札の管理	レ	有機溶剤	局所排気装置の定期自主検査	レ
	掲示物の適正(時期、場所)	×2		溶剤容器の密閉性	レ
	工具の整頓	(レ)		空容器の保管管理	レ
	材料置場の整頓	レ		作業環境測定の実施	レ
	廃棄物置場の管理(表示、分別)	レ		特殊健康診断の実施	レ
	清掃用具の整頓	レ		注意事項の掲示	レ
	作業場所の清掃	レ		区分(種類)の表示	レ
電気関係	スイッチ・ケーブル・コードの行先表示	×3	熱中症	WBGT値(暑さ指数)の把握	/
	分電盤の取扱責任者の表示	レ		作業者の健康状態把握	/
	分電盤のアース設置	レ		休憩場所の確保	/
	分電盤内部の整理(不要物放置の有無)	レ		水分の計画的摂取	/
	分電盤前の管理(資機材放置の有無)	レ		塩分の計画的摂取	/
	漏電遮断器の絶縁	レ		危険サインの把握	/
	機械類のアース設置	レ		救急処置の把握	/
				緊急時搬送病院の把握	/

備考欄	＊状況欄×印の理由を記入する。
	×1:安全通路を示す白線の一部が薄くなっている。(2箇所)
	×2:時期はずれのポスターが掲示されている。(交換手配中)
	×3:分電盤№3のコードに行先表示なし。(1本)
	×4:天井クレーン№1のペンダントスイッチの一部が黒く汚れている。
	(好事例):工具類が種類別に整頓されている。全品そろった写真が掲示され収納がしやすい。

〔様式18〕

工場長	副工場長	製造部長	総務部長	1課長	2課長	推進者			

安全衛生指示書(例)

○○年○○月○○日

部門(作業)名　　○○製造ライン
担　当　者　　　○○　○○

○○○○㈱安全衛生委員会

指示者
安全衛生推進者　○○○○

　○○年○月○日の貴部門の職場巡視の結果、下記のとおり指導します。
指示事項については、ただちに適切な措置・対策をとり、○○年○月○日までに本紙により、「是正報告」してください。

記

指　示　事　項	是　正　報　告	是正完了日	確認者
(指摘事項)			
1)溶接機のケーブル接続部分の充電部が露出しています。作業者が触れて感電するリスクがあります。絶縁処理をお願いします。【関係法令:安衛則329条】	1)ケーブル接続部を絶縁キャップと絶縁シールで被覆しました。	○/○	○○
(推奨事項)			
1)時期のすぎたポスターが掲示されています。交換してください。	1)新しいポスターと交換しました。	○/○	○○
2)分電盤№3の新しいコードに行先表示がありません。表示してください。	2)プレートで行先表示をしました。	○/○	○○
3)天井クレーン№1のペンダントスイッチが汚れています。清掃してください。	3)清掃を確認しました。	○/○	○○
(好事例)			
1)工具類が種類別に整頓されています。全品収納後の写真が掲示されているので、収納場所がわかりやすくなっています。			

おわりに

　スイスチーズモデルに模した5種類の盾で安全衛生活動の流れと取り組み方を紹介してきました。ぜひ、それぞれの手法に挑戦してみてください。試行してみて、自分の事業場に合わない部分は改良してより良いものへ進化させてください。

　安全衛生活動は終わりのない活動です。組織が存続する限り続いていきます。安全衛生活動を続ける中で、得意な活動を見つけて組織の特長にしてください。「○○株式会社の○○活動はすごい」といわれるようになってください。

　安全衛生活動は、小集団活動です。小集団活動は、コミュニケーションをとることができます。安全衛生活動を通して良好なコミュニケーションを継続し、成果をあげることができれば、風通しの良い職場環境を形成することができます。風通しの良い職場環境を継続することで、安全文化の根付いた組織を目指してください。

著者略歴

能田　清隆（のうだ　きよたか）

能田労働安全コンサルタント事務所代表
労働安全コンサルタント　技術士（建設部門）

1955（昭和30）年生まれ。
1979（昭和54）年熊本大学工学部卒業。同年総合建設業に就職後、土木工事の現場管理に携わる。
2008（平成20）年労働災害防止団体に転職後、安全衛生診断による指導業務及び各種安全衛生教育の講師を務め、現在に至る。

※本書内でとりあげた様式については、

https://www.rodo.co.jp/download/1692.zip からダウンロードできます。

すぐ使える様式集つき！ 安全衛生活動の実践テキスト

2023 年 10 月 23 日　初版

著　　　者	能田　清隆	
発 行 所	株式会社労働新聞社	
	〒 173-0022　東京都板橋区仲町 29-9	
	TEL：03-5926-6888（出版）　03-3956-3151（代表）	
	FAX：03-5926-3180（出版）　03-3956-1611（代表）	
	https://www.rodo.co.jp　　　　pub@rodo.co.jp	
表　　　紙	オムロプリント株式会社	
印　　　刷	株式会社ビーワイエス	

ISBN 978-4-89761-949-1